国家社科基金重大项目"基于《马克思恩格斯全集》历史考证版第2版（MEGA2）的马克思早期文本研究"（项目编号：15ZDB001）的阶段性成果

北京市社科基金重大项目"基于MEGA2的马克思早期思想发展内在逻辑研究"（项目编号：17ZDA28）的最终成果

京师哲学

政治哲学

BNU Philosophy

马克思早期政治哲学思想的演变和发展

鲁克俭 著

中国社会科学出版社

图书在版编目（CIP）数据

马克思早期政治哲学思想的演变和发展 / 鲁克俭著 . —北京：中国社会
科学出版社，2024. 3
ISBN 978 – 7 – 5227 – 3368 – 5

Ⅰ. ①马…　Ⅱ. ①鲁…　Ⅲ. ①马克思主义哲学—哲学史—研究

Ⅳ. ①B0 – 0

中国国家版本馆 CIP 数据核字（2024）第 065628 号

出　版　人	赵剑英	
责任编辑	郝玉明	
责任校对	谢　静	
责任印制	张雪娇	

出　　　版	中国社会科学出版社	
社　　　址	北京鼓楼西大街甲 158 号	
邮　　　编	100720	
网　　　址	http://www.csspw.cn	
发　行　部	010 – 84083685	
门　市　部	010 – 84029450	
经　　　销	新华书店及其他书店	

印　　　刷	北京明恒达印务有限公司	
装　　　订	廊坊市广阳区广增装订厂	
版　　　次	2024 年 3 月第 1 版	
印　　　次	2024 年 3 月第 1 次印刷	

开　　　本	710 × 1000　1/16	
印　　　张	11. 5	
字　　　数	156 千字	
定　　　价	56. 00 元	

凡购买中国社会科学出版社图书，如有质量问题请与本社营销中心联系调换
电话：010 – 84083683

编 委 会

总序：面向变化着的世界的当代哲学

吴向东

真正的哲学总是时代精神的精华。进入 21 世纪 20 年代，世界的变化更加深刻，时代的挑战更加多元。全球化的深度发展使得各个国家、民族、个人从来没有像今天这样紧密地联系在一起。以理性和资本为核心的现代性，在创造和取得巨大物质财富与精神成就的同时，也日益显露着其紧张的内在矛盾、冲突及困境。现代科技的迅猛发展，特别是以人工智能为牵引的信息技术的颠覆性革命，带来了深刻的人类学改变。它不仅改变着人们的生产方式、交往方式，而且改变着人们的生活方式和价值观念。在世界历史背景下展开的中国特色社会主义的伟大实践，形成了中国特色社会主义道路、理论、制度、文化，意味着一种新型文明形态的可能性。变化着的世界与时代，以问题和文本的方式召唤着当代哲学家们，去理解这种深刻的变化，回应其内在的挑战，反思人的本性，重构文明秩序根基，塑造美好生活理念。为此，价值哲学、政治哲学、认知哲学、古典哲学，作为当代哲学重要的研究领域和方向，被时代和实践凸显出来。

价值哲学，是研究价值问题的哲学分支学科。尽管哲学史上一直有着强大的道德哲学和政治哲学的传统，但直到 19 世纪中后期，自洛采、尼采开始，价值哲学才因为价值和意义的现实问题所需作为一门学科兴起。经过新康德主义的张扬，现当代西方哲学的重大转向都在一定程度上蕴涵着价值哲学的旨趣。20 世纪上半叶，价值哲学在西方达到一个高峰，并逐渐形成先验主义、经验主义、心灵主义、语言分析等研究路向。其中胡塞尔的现象学开辟了新的理解价值的进路；杜威建构了以评价判断为核心的实验经验主义价值哲学；舍勒和哈特曼形成系统的价值伦理学，建构了相对于康德的形式主义伦理学的质料伦理学，还有一些哲学家利用分析哲学进路，试图在元伦理学的基础上对有关价值的表述进行分析。当代哲学家诺奇克、内格儿和泰勒等，一定程度上重新复兴了奥地利价值哲学学派，创造了在当代有关价值哲学的讨论语境。20世纪70年代以后，西方价值理论的研究重心从价值的元问题转向具体的道德和政治规范问题，其理论直接与公共的政治生活和个人的伦理生活相融合。

中国价值哲学研究兴起于20世纪80年代，缘于"文化大革命"的反思、改革开放实践的内在需要，并由真理标准的大讨论直接引发。四十年来，价值哲学经历了从分析价值概念到探究评价理论，再到聚焦价值观和社会主义核心价值观研究的发展历程，贯穿其中的主要特点是理论逻辑和实践逻辑的统一。在改革开放的实践中，我们首先通过内涵价值的科学真理观解决对与错的问题，其次通过"三个有利于"评价标准解决好与坏的问题，最后通过社会主义核心价值观，解决"什么是社会主义，如何建设社会主义"的问题。同时，与马克思主义哲学研究的相互交融促进，以及与国际价值哲学的交流和对话，也是价值哲学研究发展历程中的显著特点。中国价值哲学在价值本质、评价的合理性、价值观的结构、社会主义核心价值观的内涵与逻辑等一系列问题上形成了广泛学术争论，取得了诸多的理论进展。就其核心而言，我认为主要成就可归结为实践论基础上的主体性范式和社会主义核心价值观的理论建构这两个方面。中国价值哲学取得的成就具有强烈的时代性特征和阶段性特点。随着世界历史的充分展开和中国改革开放的不断深入，无论是回应、解答当代中国社会和人类发展的新矛盾与重大价值问题，还是价值哲学内部的广泛争论形成的理论空间，都预示着价值哲学未来的发展趋向：完善实践论基础上的主体性解释模式，实现价值基础理论的突破；深入探究新文明形态的价值理念与价值原则，不仅要深度建构和全幅拓展以社会主义核心价值观为主导的中国价值，还要探求人类命运共同体的价值基础，同时对人工智能为代表的当代科学技术进行价值反思和价值立法，以避免机器控制世界的技术冒险；多学科研究的交叉与融合，并上升为一种方法论自觉。

政治哲学是在哲学层面上对人类政治生活的探究，具有规范性和实践性。其核心主题是应该用什么规则或原则来确定我们如何在一起生活，包括政治制度的根本准则或理想标准，未来理想政治的设想，财产、权力、权利与自由的如何分配等。尽管东西方都具有丰富的政治哲学的传统，但 20 世纪 70 年代以降，随着罗尔斯《正义论》发表才带来了规范性政治哲学在西方的复兴。其中，自由主义、共和主义、社群主义竞相在场，围绕正义、自由、平等、民主、所有权等一系列具体价值、价值原则及其理论基础相互论争，此起彼伏。与此同时，由"塔克—伍德"命题引发的马克思与正义问题的持续讨论，使得马克思的政治哲学思想在西方学界得到关注。新世纪以来，随着改革开放进入新的历史阶段，国内政治哲学研究开始兴起，并逐渐成为显学。这不仅表现在对西方政治哲学家的文本的大量译介和深入研究；更表现在马克思主义政治哲学研究的崛起，包括对马克思主义政治哲学的特征、基本内容等阐释以及对一些重大现实问题的理论回应等；同时也表现在对中国传统政治哲学的理论重构和现代阐释，以及从一般性视角对政治哲学的学科定位和方法论予以澄清和反思等。

无论是西方政治哲学的复兴，还是国内政治哲学研究的兴起，背后都能发现强烈的实践的逻辑，以及现实问题的理论诉求。面对当代实践和世界文明的裂变，政治哲学任重道远。一方面，马克思主义政治哲学本身并不是现成的，而是需要被不断建构的。马克思主义政治哲学有着自己的传统，其中人类解放，是马克思主义，也是马克思主义政治哲学的主题。在这一传统中，人的解放首要的取决于制度革命，制度革命其实包含着价值观的变革。所以，在当代理论和实践背景下讨论人的解放，不能离开正义、自由、平等、尊严等规范性价值，这些规范性价值在马克思主义政治哲学中需要被不断阐明。而在中国特色社会主义实践背景下建构当代中国马克思主义政治哲学，更应该是政治哲学研究的理论旨趣。另一方面，当代人类政治实践中的重大问题需要创新性研究。中国学界需要以马克思主义政治哲学为基本框架，综合各种思想资源，真正面对和回应当代人类政治实践中的矛盾和问题，诸如民粹主义、种族主义、环境政治、女性主义、全球正义、世界和平等等，做出具有人类视野、原则高度的时代性回答。

认知哲学是在关于认知的各种科学理论的基础上反思认知本质的哲学学科。哲学史上一直存在着关于认知的思辨的传统，但是直到20世纪中叶开始，随着具有跨学科性质的认知科学的诞生，认知哲学作为哲学的分支学科才真正确立起来，并以认知科学哲学为主要形态，涉及心理学哲学、人工智能哲学、心灵哲学、认知逻辑哲学和认知语言哲学等。它不仅处理认知科学领域内带有哲学性质的问题，包括心理表征、心理计算、意识、行动、感知等等，同时也处理认知科学本身的哲学问题，对认知神经科学、语言学、人工智能等研究中的方法、前提、范式进行哲学反思。随着认知诸科学，如计算机科学、认知心理学、认知语言学、人类学、认知神经科学等学科的发展，认知哲学的研究在西方学界不断推进。从图灵到西蒙、从普特南到福多，从德雷福斯到塞尔等等，科学家和哲学家们提出了他们自己各不相同的认知理论，共同推动了认知科学的范式转变。在认知本质问题上，当代的认知科学家和哲学家们先后提出了表征—计算主义、联结主义、涉身主义以及"4E+S"认知等多种理论，不仅深化了对认知的理解，也为认知科学发展清理障碍，提供重要的理论支持。国内的认知哲学研究与西方相比虽然有一定的滞后，但近些年来，与国际学界保持着紧密的联系与高度的合作，在计算主义、"4E＋S"认知、知觉哲学、意向性、自由意志等领域和方向的研究，取得了积极进展。

认知哲学与认知科学的内在关系，以及其学科交叉性，决定了认知哲学依然是一个全新的学科领域，保持着充分的开放性和成长性。在新的时代背景下，随着认知诸科学的发展和突破，研究领域中新问题、新对象的不断涌现，认知哲学会朝着多元化方向行进。首先，认知哲学对已经拉开序幕的诸多认知科学领域中的重要问题要进行深入探索，包括心智双系统加工理论、自由意志、预测心智、知觉—认知—行动模型、人工智能伦理、道德决策、原始智能的涌现机制等等。其次，认知哲学会继续对认知科学本身的哲学前沿问题进行反思和批判，包括心理因果的本质、省略推理法的效力、意识的还原策略、涉身性的限度、情境要素的作用、交叉学科的动态发展结构、实验哲学方法等等，以期在认知科学新进展的基础上取得基础理论问题研究的突破。再次，认知哲学必然要向其他诸般研究人的活动的学科进行交叉。由于认知在人的活动中的基础性，关于认知本身的认识必然为与人的活动相关的一切问题研究提供基础。因此，认知哲学不仅本身是在学科交叉的基础上产生的，它也应该与经济学、社会学、政治学、法学等其他学科相结合，将其研究成果运用于诸学科领域中的相关问题的探讨。在哲学内部，认知哲学也必然会与其他领域哲学相结合，将其研究成果应用到形而上学、知识论、伦理学、美学诸领域。通过这种交叉、运用和结合，不仅相关学科和问题研究会得到推进，同时认知哲学自身也会获得新的发展。

古典哲学，是指东西传统哲学中的典型形态。西方古典哲学通常是指古希腊哲学和建立在古希腊哲学传统之上的中世纪哲学，同时也包括18世纪末到19世纪上半叶以康德和黑格尔为主的德国古典哲学，在某种意义上来说，康德和黑格尔就是古希腊的柏拉图和亚里士多德。无论是作为西方哲学源头的古希腊哲学，还是德国古典哲学，西方学界对它的研究各方面都相对比较成熟，十分注重文本和历史传承，讲究以原文为基础，在历史语境中专题化讨论问题。近年来一系列草纸卷轴的发现及文本的重新编译推动着古希腊哲学研究范式的转换，学者在更广阔的视野中理解古希腊哲学，或是采用分析的方法加以研究。德国古典哲学既达到了传统形而上学的最高峰，亦开启了现代西方哲学。20世纪德国现象学，法国存在主义、后现代主义等思想潮流从德国古典哲学中汲取了理论资源。特别是二战之后，通过与当代各种哲学思潮的互动、融合，参与当代问题的讨论，德国古典哲学的诸多理论话题、视阈和思想资源得到挖掘和彰显，其自身形象也得到了重塑。如现象学从自我意识、辩证法、社会正义等不同维度推动对古典哲学误解的消除工作，促成了对古典哲学大范围的科学研究、文本研究、问题研究。以法兰克福学派为首的西方马克思主义，从阐释黑格尔总体性、到探究否定辩证法，再到发展黑格尔承认理论，深刻继承并发挥了德国古典哲学的精神内核。在分析哲学潮流下，诸多学者开始用现代逻辑对德国古典哲学进行文本解读；采用实在论或实用主义进路，讨论德国观念论的现实性或现代性。此外，德国古典哲学研究也不乏与古代哲学的积极对话。在国内学界，古希腊哲学，特别是德国古典哲学，由于其与马克思主义哲学的密切关系，受到瞩目和重视。在过去的几十年中，古典哲学家的著作翻译工作得到了加强，出版了不同形式的全集或选集。研究的领域、主题和视阈得到扩展，如柏拉图和亚里士多德的伦理学、政治哲学，康德的理论哲学、美学与目的论、实践哲学、宗教哲学、人类学，黑格尔的辩证法、法哲学和伦理学的研究可谓方兴未艾。中国马克思主义学者从马克思主义哲学与德国古典哲学关系的视阈对古典哲学研究也是独具特色。

中国古典哲学，包括先秦子学、两汉经学、魏晋玄学、隋唐佛学、宋明理学等，是传统中国人对宇宙人生、家国天下的普遍性思考，具有自身独特的问题意识、研究方式、理论形态，构成中国传统文化的核心，深刻影响了中国人的生活方式、思维方式和价值世界。在近现代社会转型中，随着西学东渐，中国传统哲学学术思想得到重新建构，逐渐形成分别基于马克思主义、自由主义、保守主义的不同的中国古典哲学研究范式，表现为多元一体的研究态势与理论倾向。其中胡适、冯友兰等借鉴西方哲学传统，确立中国哲学学科范式。以侯外庐、张岱年、任继愈、冯契为代表，形成了马克思主义思想指导下的研究学派。从熊十力、梁漱溟到唐君毅、牟宗三为代表的现代新儒学，力图吸纳、融合、会通西学，实现理论创造。改革开放以来，很多研究者尝试用西方现代哲学诸流派以至后现代哲学的理论来整理中国传统学术思想材料，但总体上多元一体的研究态势和理论倾向并未改变。在新的时代背景下，随着中国现代化进程进入崭新阶段，面对变化世界中的矛盾和冲突，中国古典哲学研究无疑具有新的语境，有着新的使命。一方面，要彰显中国古典哲学自身的主体性。扬弃用西方哲学基本问题预设与义理体系简单移植的研究范式，对中国传统哲学自身基本问题义理体系进行反思探索和总体性的自觉建构，从而理解中国古典哲学的本真，挖掘和阐发其优秀传统，使中华民族最基本的文化基因与当代文化相适应、与现代社会相协调。另一方面，要回到当代生活世界，推动中国古典哲学的创造性转化、创新性发展。以当代人类实践中的重大问题为切入点，回溯和重释传统哲学，通过与马克思主义哲学、西方（古典和当代）哲学的深入对话，实现理论视阈的交融、理论内容的创新，着力提出能够体现中国立场、中国智慧、中国价值的理念、主张、方案，从而激活中国古典哲学的生命力，实现其内源性发展。

价值哲学、政治哲学、认知哲学、古典哲学，虽然是四个相对独立的领域与方向，然而它们又有着紧密的内在联系，相互影响、相互交融。政治哲学属于规范性哲学和实践哲学，它讨论的问题无论是政治价值、还是政治制度的准则，或者是政治理想，都属于价值问题，研究一般价值问题的价值哲学无疑为政治哲学提供了理论基础。认知哲学属于交叉学科，研究认知的本质，而无论是价值活动，还是政治活动，都不能离开认知，因而价值哲学和政治哲学，并不能离开认知哲学，反之亦然。古典哲学作为一种传统，是不可能也不应该为思想研究所割裂的。事实上，它为价值哲学、政治哲学、认知哲学的研究与发展提供了丰富的思想资源。无论是当代问题的解答，还是新的哲学思潮和流派的发展，往往都需要通过向古典哲学的回溯而获得思想资源和理论生长点，古典哲学也通过与新的哲学领域和方向的结合获得新的生命力。总之，为时代和实践所凸显的价值哲学、政治哲学、认知哲学、古典哲学，正是在它们相互联系相互交融中，共同把握时代的脉搏，解答时代课题，将人民最精致、最珍贵和看不见的精髓集中在自己的哲学思想里，实现哲学的当代发展。

北京师范大学哲学学科历史悠久、底蕴深厚，始终与时代共命运，为民族启慧思。1902 年建校伊始，梁启超等一批国学名家在此弘文励教，为哲学学科的建设奠定了基础。1919 年设立哲学教育系。1953年，在全国师范院校率先创办政治教育系。1979 年改革开放之初，在原政治教育系的基础上，成立哲学系。2015 年更名为哲学学院。经过几代学人的辛勤耕耘，不懈努力，哲学学科蓬勃发展。目前，哲学学科形成了从本科到博士后系统、完整的人才培养体系，拥有马克思主义哲学、外国哲学等国家重点学科、北京市重点学科，教育部人文社会科学重点研究基地价值与文化中心，国家教材建设重点研究基地"大中小学德育一体化教材研究基地"，Frontiers of Philosophy in China、《当代中国价值观研究》《思想政治课教学》三种学术期刊，等等，成为我国哲学教学与研究的重镇。

北京师范大学哲学学科始终坚持理论联系实际，不断凝聚研究方向，拓展研究领域。长期以来，我们在价值哲学、人的哲学、马克思主义哲学基础理论、儒家哲学、道家道教哲学、西方历史哲学、科学哲学、分析哲学、古希腊伦理学、形式逻辑、中国传统美学、俄罗斯哲学与宗教等一系列方向和领域，承担了一批国家重大重点研究项目，取得了有影响力的成果，形成了具有鲜明京师特色的学术传统和学科优势。面对当今时代的挑战，实践的召唤，我们立足于自己的学术传统，依循当代哲学发展的逻辑，进一步凝练学科方向，聚焦学术前沿，积极探索价值哲学、政治哲学、认知哲学、古典哲学的重大前沿问题。为此，北京师范大学哲学学院、教育部人文社会科学重点研究基地价值与文化研究中心和中国社会科学出版社合作，组织出版价值哲学、政治哲学、认知哲学、古典哲学之京师哲学丛书，以期反映学科最新研究成果，推动学术交流，促进学术发展。

世界历史正在进入新阶段，中国特色社会主义已经进入新时代。这是一个社会大变革的时代，也一定是哲学大发展的时代。世界的深刻变化和前无古人的伟大实践，必将给理论创造、学术繁荣提供强大动力和广阔空间。习近平指出："这是一个需要理论而且一定能够产生理论的时代，这是一个需要思想而且一定能够产生思想的时代。我们不能辜负了这个时代。"北京师范大学哲学学科将和学界同道一起，共同努力，担负起应有的责任和使命，关注人类命运，研究中国问题，总结中国经验，创建中国理论，着力构建充分体现中国特色、中国风格、中国气派的哲学学科体系、学术体系、话语体系，为中华文明的伟大复兴贡献力量。

序　言

我们的研究将马克思早期思想结束的时间节点确定在《共产党宣言》。马克思早期思想发展史不等于马克思主义哲学发展史（辩证唯物主义或实践唯物主义及唯物史观的形成和确立史）。马克思早期思想发展以政治哲学为主线，以唯物史观的形成和确立为暗线。马克思早期思想发展的内在逻辑在于：马克思早期政治哲学思想经历了从自由主义到共和主义，再到哲学共产主义和科学共产主义的发展阶段；在马克思政治哲学思想转变为共产主义之后，对共产主义进行理论证成，就成为马克思面临的最主要理论任务；马克思对共产主义的理论证成，经历了从哲学进路对共产主义进行证成（哲学共产主义）和从实证科学进路对共产主义进行证成（科学共产主义）两个阶段；哲学共产主义阶段包括从《黑格尔法哲学批判》和《德法年鉴》两篇论文到《1844年经济学哲学手稿》《神圣家族》《关于费尔巴哈的提纲》这一时期，科学共产主义阶段以《德意志意识形态》中唯物史观的确立为标志，经历了以《资本论》为代表的剩余价值学说创立时期，最终到《哥达纲领批判》中共产主义两阶段思想的确立。自共产主义政治哲学（即新世界观）确立之后，马克思的思想终其一生体现了价值性（"美好生活"）与科学性（"两大科学发现"）的统一。

2016年5月17日习近平总书记在哲学社会科学工作座谈会上的讲话中指出："我看过一些西方研究马克思主义的书，其结论未必正确，但在研究和考据马克思主义文本上，功课做得还是可以的。相比之下，我们一些研究在这方面的努力就远远不够了。"这既是对中国马克思主义研究学者的鞭策，也为中国马克思主义研究学者指明了进一步努力的方向。中国马克思学就是对苏联马克思学和西方马克思学的批判性吸收、继承和发展，体现了中国马克思主义文本研究学者的主体性，是中国马克思主义学者努力在国际马克思学界发出"中国声音"的学术努力。

笔者既反对西方马克思研究者的"两个马克思"解读框架，也不照搬马克思主义哲学史（或马克思主义发展史）教科书的"两个转变"解读框架，而是原创性地提出"唯物史观的创立是马克思早期政治哲学发展副产品"的解读框架。本成果一方面旨在将笔者及其他前辈学者所倡导的"中国马克思学"口号落到实处，为中国哲学社会科学话语体系建构作出实实在在的贡献。另一方面旨在以此为基础重写马克思主义哲学史。马克思是否有哲学（马克思关于消灭哲学的提法）以及唯物史观是哲学抑或实证科学（或社会学），一直是国内外学者激烈争论的问题。笔者认为马克思终其一生是有哲学的，但不是所谓纯哲学（本体论或形而上之学），而是政治哲学。我们一方面将政治哲学看作马克思早期思想发展的主线和明线，另一方面将唯物史观看作马克思早期政治哲学思想发展演变的副产品。与此相关的一个隐性特色在于，对颇有争议的辩证唯物主义乃至实践唯物主义在马克思早期思想发展中的地位问题（特别是能否将其看作西方哲学史上的"革命性"变革问题）存而不论。以政治哲学为主线重写马克思主义哲学史，把唯物史观和剩余价值学说看作马克思对共产主义政治哲学进行理论证成的副产品，这也符合恩格斯关于马克思两大科学发现以及这两大科学发现使社会主义由乌托邦变为科学这一论断。科学社会主义（共产主义）中所谓"科学"，指的是其理论基础的科学，而非共产主义是科学。共产主义是政治哲学，是价值理想。正是因为两大科学发现，马克思的科学共产主义真正实现了价值性与科学性的统一，马克思也才既是革命家，也是科学家。

　　具体来说，根据对马克思早期文本的深入研究，我们认为马克思早期政治哲学思想的演变和发展经历了四个阶段。第一个阶段是《博士论文》时期的自由主义，第二个阶段是《莱茵报》时期的共和主义阶段，第三个阶段是自《黑格尔法哲学批判》至《关于费尔巴哈的提纲》时期的哲学共产主义阶段，第四个阶段是自《德意志意识形态》开始的科学共产主义阶段。《莱茵报》时期的共和主义有别于古典时期的共和主义，它属于自由主义传统（自由主义左翼）。因此，第一、二阶段可以统称为自由主义阶段。第三、四阶段都属于共产主义这一大的阶段。因此，总体来看，马克思早期政治哲学思想演变是从自由主义到共产主义转变的过程。

目　录

一 作为政治性文本的马克思的《博士论文》*

长期以来，关于马克思是否是哲学家是有争议的，马克思是否有哲学也是有争议的。但有一点没有争议，即马克思的纯哲学著作寥寥无几。许多人把《博士论文》看作马克思"唯二"①的哲学著作。但《博士论文》只是表面上看像纯哲学著作，而实际上属于政治性写作。本书将《博士论文》定位为政治文本。此前许多研究者已经注意到马克思《博士论文》中的自我意识哲学，注意到马克思对自由的强调，注意到《博士论文》的政治哲学意蕴。但是，彻底把《博士论文》看成政治性写作而非纯哲学文本，尚需向前更进一步。换句话说，马克思《博士论文》不仅仅具有政治哲学意蕴，它本身就应被当作政治哲学文本而非纯哲学文本来进行解读。

（一）马克思协助鲍威尔创制批判哲学

众所周知，马克思写作《博士论文》的直接动机是谋取在大学的教职，是鲍威尔鼓动的产物。问题是，马克思何以选择以德谟克利特与伊壁鸠鲁自然哲学的差异作为博士论文选题。黑格尔在《哲学史讲演录》中，把伊壁鸠鲁派、斯多葛派和怀疑派三派哲学看作

---

* 本章参见鲁克俭《作为政治性文本的马克思的博士论文》，《马克思主义理论学科研究》2022年第8期。

① 《关于费尔巴哈的提纲》被看作另一纯哲学（关于实践唯物主义）著作。

古代的自我意识哲学家，是体现自我意识概念的哲学史阶段。① 从马克思的自述来看②，他最初打算全面研究后亚里士多德希腊哲学即伊壁鸠鲁派、斯多亚派、怀疑派，而且这一考虑明显是受了青年黑格尔派特别是鲍威尔的影响③。只是到后来④，马克思才决定缩小博士论文选题涵括的范围，仅限于考察德谟克利特与伊壁鸠鲁自然哲学的差异。

按照罗森的考证⑤，鲍威尔此时正在创制自我意识哲学，而马克思写作《博士论文》是在协助鲍威尔创制自我意识哲学。换句话说，罗森是把马克思看作自我意识哲学的第二提琴手。相对于传统的解读（特别是强调马克思《博士论文》仍然处于黑格尔唯心主义的怀抱），罗森的这一结论无疑有很大的原创性。科尔纽在《马克思恩格斯传1818—1844》中已经提出鲍威尔当时正在创制批判哲学，而且批判哲学和之前切什考夫斯基的行动哲学都是从黑格尔向费希特哲学的回归。毫无疑问，科尔纽的研究成果为罗森的新结论奠定了基础。但是，罗森把协助鲍威尔创制自我意识哲学看作马克思写作《博士论文》的动因，仍然是局限于一般哲学（世界观）的视角，仍然是把马克思《博士论文》看作纯哲学文本，这是我们所不赞同的。

在我们看来，与其说《博士论文》时期的马克思是在协助鲍威尔创制自我意识哲学，不如说是在协助鲍威尔创制批判哲学。科尔纽对

---

① "自我意识的普遍立场，亦即通过思维获得自我意识的自由，是这些哲学所共有的。"［德］黑格尔：《哲学史讲演录》第三卷，贺麟等译，商务印书馆2013年版，第145页。

② "不妨把这篇论文仅仅看作是一部更大著作的先导，在那部著作中我将联系整个希腊思辨详细地阐述伊壁鸠鲁主义，斯多亚主义和怀疑主义这一组哲学。"《马克思恩格斯全集》第1卷，人民出版社1995年版，第10—11页。

③ ［法］奥古斯特·科尔纽：《马克思恩格斯传 1818—1844》第一卷，刘丕坤等译，生活·读书·新知三联书店1963年版，第190页。

④ 在《关于伊壁鸠鲁的笔记》摘录过程中。

⑤ 参见［波］兹维·罗森《布鲁诺·鲍威尔和卡尔·马克思：鲍威尔对马克思思想的影响》，王谨等译，中国人民大学出版社1984年版。

马克思《博士论文》时期是否在协助鲍威尔创制批判哲学反应含混。①
但总体来看，科尔纽没有像后来的罗森那样，强调马克思此时与鲍威
尔的关系比与黑格尔的关系更为密切（其实质是从黑格尔退回费希
特）。在这一点上，科尔纽仍然属于传统解读。我们赞同罗森关于马克
思《博士》时期更接近鲍威尔而非黑格尔的结论，但不赞同罗森关于
鲍威尔创制自我意识哲学的说法。② 鲍威尔批判哲学的基础是自我意识
哲学，但相对于自我意识哲学的叫法，批判哲学更能体现政治性维度。
因此，与其说鲍威尔创制了自我意识哲学，不如说鲍威尔是在批判哲
学中发挥了费希特的主体性哲学。这样看来，马克思写作《博士论文》
的直接动因是政治性的，而非纯哲学方面的考虑。马克思自己也曾说：
"哲学家——伊壁鸠鲁（尤其是他）、斯多葛派和怀疑论者，[我] 曾
专门研究过，但与其说出于哲学的兴趣，不如说出于 [政治的]
兴趣。"③

　　鲍威尔的批判哲学有两个阶段，第一个阶段是宗教批判，第二个
阶段是政治批判。1840 年前后，鲍威尔与当时其他青年黑格尔派成员
（如施特劳斯④、费尔巴哈⑤）一样，工作重心是宗教批判⑥。因此，马
克思协助鲍威尔创制批判哲学，最初就是参与宗教批判的政治斗争。
恩格斯晚年曾回顾说，青年黑格尔派的政治斗争最初是进行宗教批判，

---

　　① 参见 [法] 奥古斯特·科尔纽《马克思恩格斯传 1818—1844》第一卷，刘丕坤等译，生
活·读书·新知三联书店 1963 年版，第 299—301 页。

　　② 在青年黑格尔派成员中，除了费尔巴哈，基本上都没有创制自己哲学体系的抱负。从切什科
夫斯基开始，青年黑格尔派总体上是致力于打着黑格尔哲学旗号从事政治活动和政治批判。

　　③ 参见 1857 年 12 月 21 日，马克思致斐迪南·拉萨尔的信。《马克思恩格斯全集》第 29 卷，人
民出版社 1972 年版，第 527 页。

　　④ 施特劳斯的《耶稣传》出版于 1835 年。

　　⑤ 费尔巴哈的《基督教的本质》出版于 1841 年 6 月。

　　⑥ 从 1838 年到 1842 年，鲍威尔先后出版了《启示史批判》（1838 年）、《致亨格施坦堡博士阁
下。——关于律法和福音书的对立的批判书简》（1839 年）、《约翰福音史批判》（1842 年）、《对观福
音和约翰福音史批判》（1841—1842 年）。

因为宗教批判是最安全的领域："政治在当时是一个荆棘丛生的领域，所以主要的斗争就转为反宗教的斗争；这一斗争，特别是从1840年起，间接地也是政治斗争。1835年出版的施特劳斯的《耶稣传》成了第一个推动力。后来，布鲁诺·鲍威尔反对该书中所阐述的福音神话发生说，证明许多福音故事都是作者自己虚构的。两人之间的争论是在'自我意识'对'实体'的斗争这一哲学幌子下进行的。神奇的福音故事是在宗教团体内部通过不自觉的、传统的创作神话的途径形成的呢，还是福音书作者自己虚构的——这个问题竟扩展为这样一个问题：在世界历史中起决定作用的力量是'实体'呢，还是'自我意识'。"① 马克思《博士论文》时期出于政治兴趣而参与创制批判哲学，其具体内容就是宗教批判。

（二）马克思立足近代市民社会建构伊壁鸠鲁的自然哲学

马克思承认伊壁鸠鲁的原子理论并不是自在的，而是他建构出来的。1858年5月31日在致拉萨尔的信中，马克思说："十八年前我曾对容易理解得多的哲学家——伊壁鸠鲁进行过类似的工作，也就是说，根据一些残篇阐述了整个体系。不过，我确信这个体系，赫拉克利特的体系也是这样，在伊壁鸠鲁的著作中只是'自在地'存在，而不是作为自觉的体系存在。"② 马克思建构伊壁鸠鲁自然哲学的方式，是从伊壁鸠鲁的伦理学倒推出伊壁鸠鲁的自然哲学。马克思在1858年2月22日致拉萨尔的信中写道："对伊壁鸠鲁则可以详细地指出：虽然他是以德谟克利特的自然哲学为出发点，但是他到处都把问题要点颠倒过

---

① 参见恩格斯《路德维希·费尔巴哈和德国哲学的终结》第一部分。《马克思恩格斯文集》第4卷，人民出版社2009年版，第274页。
② 《马克思恩格斯全集》第29卷，人民出版社1972版，第540页。

来。"① 马克思是仿照卢克莱修这样做的："**卢克莱修**正确地断言，偏斜打破了'命运的束缚'，并且正如他立即把这个思想运用于意识那样，关于原子也可以这样说，偏斜正是它胸中能进行斗争和对抗的某种东西。"② 马克思说，"因此，行为的目的就是脱离、离开痛苦和困惑，即获得心灵的宁静。所以，善就是逃避恶，而快乐就是脱离痛苦。最后，在抽象的个别性以其最高的自由和独立性，以其总体性表现出来的地方，那里被摆脱了的定在，就合乎逻辑地是**全部的定在**"③。这段引文的前半部分是讲人，后半部分是讲"原子一般"。马克思还总结说："**原子不外是抽象的、个别的自我意识的自然形式。**"④

从准则学（认识论或逻辑学）、自然哲学（物理学）到伦理学，是伊壁鸠鲁哲学的内在逻辑。与德谟克利特不同，伊壁鸠鲁哲学的核心是伦理学（人生哲学或治疗哲学），自然哲学只是伦理学的基础。这正如康德批判哲学的出发点是认识论（知识论），而落脚点是伦理学和美学一样。伊壁鸠鲁对德谟克利特自然哲学的修改，也是基于其伦理学。马克思对此有很准确的认识。

对于伊壁鸠鲁的伦理学，马克思说："动物的特点恰恰是：它也追求在它身外的善。在伊壁鸠鲁看来，对人来说在他身外没有任何善；他对世界所具有的唯一的善，就是旨在做一个不受世界制约的自由人的消极运动。"⑤ 因此伊壁鸠鲁并不向外求善，而是向自身求善。这就是快乐："善就是逃避恶，而快乐就是脱离痛苦。"⑥ 快乐是善，也是人的最高美德（德性）。很长时期以来，后人对伊壁鸠鲁主义有许多误

---

① 《马克思恩格斯全集》第29卷，人民出版社1972版，第529页。

② 《马克思恩格斯全集》第1卷，人民出版社1995版，第33—34页。此处引文中的强调（黑体）为原作者（马克思）所加，本书以下对马克思著作和笔记的引文均如此。

③ 《马克思恩格斯全集》第1卷，人民出版社1995版，第35页。

④ 《马克思恩格斯全集》第1卷，人民出版社1995版，第54页。

⑤ 《马克思恩格斯全集》第40卷，人民出版社1982版，第77—78页。

⑥ 《马克思恩格斯全集》第1卷，人民出版社1995版，第35页。

解，把伊壁鸠鲁的快乐等同于感官快乐，等同于纵欲和享乐主义。① 伊壁鸠鲁被污名化，曾经很长时期伊壁鸠鲁主义成了人们唯恐避之不及的贬义词。实际上，伊壁鸠鲁的快乐类似康德意义上的幸福②，更多是指精神的快乐即心灵的宁静，而非感性欲望的不羁。

黑格尔把伊壁鸠鲁派看作自我意识哲学之一，也是基于伊壁鸠鲁的伦理学，而非其唯物主义（黑格尔将其看作感觉主义）自然哲学。伊壁鸠鲁从伦理学出发，进一步得出了宗教批判，这是伊壁鸠鲁哲学不同于其他两派自我意识哲学的方面。正是因为敏锐地注意到了这一点，马克思才一步步缩小博士论文的选题范围，先是集中研究伊壁鸠鲁哲学，后来更是只研究其自然哲学与德谟克利特自然哲学的区别。如果只是关注自我意识，马克思完全可以只研究斯多亚派；如果只是研究原子论，马克思完全可以研究莱布尼茨的单子论；如果只是想重申唯物主义世界观（自然观），马克思完全可以研究德谟克利特。马克思以"伊壁鸠鲁自然哲学与德谟克利特自然哲学的区别"为最终选题，只有一个合理的解释：宗教批判。

在马克思看来，伊壁鸠鲁的伦理学实际上是以近代市民社会为原型的。③ 马克思说："我们还发现伊壁鸠鲁应用了排斥的一些更具体的形式。在政治领域里，那就是**契约**，在社会领域里，那就是**友谊**，友谊被

---

① 普鲁塔克对伊壁鸠鲁的挖苦在于某种程度上将其歪曲成纵欲享乐主义者。西塞罗就曾经以此批判他说："一种美德，却要迎合感官上的快乐，它处于一种多么可悲的奴役状态啊！而且智慧的功能将是什么呢？在两种感官上的快乐之间作机巧的选择吗？就算可能没有什么比这种选择更令人愉悦的了，但试想，对于智慧来说，还有什么比这种作用更卑贱的呢？"［古罗马］西塞罗：《论老年 论友谊 论责任》，徐奕春译，商务印书馆2009年版，第268页。

② 康德将幸福与道德二分，但伊壁鸠鲁把幸福就看作善（美德），这样道德与幸福就实现了统一。

③ 黑格尔在《小逻辑》中就指出："在近代，原子论的观点在**政治学**上较之在物理学上尤为重要。照原子论的政治学看来，**个人的意志本身就是国家的创造原则**。个人的特殊需要和嗜好，就是政治上的引力，而共体或国家本身只是一个外在的契约关系"［德］黑格尔：《小逻辑》，贺麟译，商务印书馆2011年版，第215页。

称赞为最崇高的东西。"① 我们知道，近代市民社会的基础是原子式个人，个人之间是"一切人反对一切人的战争"②，也就是排斥的关系③。但个人并不是完全孤立的、"鲁滨逊"式的存在④，个人之间会通过"契约"⑤ 形成社会（也就是弗格森意义上的市民社会，即文明社会）。因此，原子式个人与"原子一般"，就像"莱布尼茨的单子一样"⑥，只有自我意识微弱程度⑦的差异。

原子是"具有独立性、个别性形式的质料"⑧，是"质料的实体性的个别性"⑨，而原子式个人是抽象单一性（抽象的"一"）。原子式个人具有同质性（抽象普遍性⑩），类似于费希特意义上的"自我"。"你"是另一个"我"。你的"自我"相对于我的"自我"来说就是"他

---

① 《马克思恩格斯全集》第 1 卷，人民出版社 1995 年版，第 38 页。

② 马克思在《关于伊壁鸠鲁哲学的笔记》中引用了霍布斯的这句名言，参见《马克思恩格斯全集》第 40 卷，人民出版社 1982 年版，第 123 页。

③ 马克思指出，由于原子的偏斜（任性），所以才产生排斥："**众多原子的排斥，就是卢克莱修**称之为偏斜的那个'**原子规律**'**的必然实现**"，"由于这里每一个规定都被设定为特殊的定在，所以，除了前面两种运动以外，又增加了作为第三种运动的排斥"。《马克思恩格斯全集》第 1 卷，人民出版社 1995 年版，第 36 页。

④ 即并非"独立的、自我封闭的、彼此似乎毫不相干的"。《马克思恩格斯全集》第 1 卷，人民出版社 1995 年版，第 52 页。

⑤ "因排斥而产生的组合"，"由排斥而产生的聚集"，"从具有质的原子的排斥及其与排斥相联系的聚集中，就产生出现象世界。"马克思是从排斥而不是引力来解释社会契约。《马克思恩格斯全集》第 1 卷，人民出版社 1995 年版，第 44 页、47 页、49 页。

⑥ 马克思在《博士论文》和《关于伊壁鸠鲁哲学的笔记》中提到莱布尼茨的单子。《马克思恩格斯全集》第 40 卷，人民出版社 1982 年版，第 126 页。马克思还专门对莱布尼茨的著作作了摘录（《柏林笔记》笔记本 B2，Karl Marx，"Exzerpte aus Leibniz´Werken"，in *Marx-Engels Gesamtausgabe*. IV/1，Text，Berlin：Dietz Verlag，1976，s. 183 – 212）。

⑦ 莱布尼茨的"单子"从无机物植物、动物到人分别有微知觉、灵魂和心灵。

⑧ Marx-Engels Gesamtausgabe. I/1，Text，Berlin：Dietz Verlag，1975，s. 55.

⑨ 《马克思恩格斯全集》第 1 卷，人民出版社 1995 年版，第 60 页。不同于伊壁鸠鲁，康德是把幸福与道德分开来。

⑩ 作为抽象的普遍有两种情况。从亚里士多德的实体理论来看，个人是第一实体，而人是第二实体（类）。但"个人"也可以是抽象的普遍概念（抽象单一性的普遍），它有别于"人"这一抽象的普遍概念（抽象普遍性的普遍）。

者",反之亦然。马克思说:"**与原子发生关系的定在不是什么别的东西,而是它本身**,因而也同样是**一个原子**,并且由于原子本身是直接地被规定的,所以就是**众多的原子**。"① 这种原子式个人又类似于费尔巴哈的"类"(类存在)②:原子"这一存在本身是具体的并且是一个类概念"③。这样的作为"具体的类"的原子就是马克思后来所说的"典型"④。

当然,"原子"与"自我"只是类似,而非完全一样。一方面,"自我"虽然也是"一",但毕竟"自我"一开始就预设了人的"主体性",而"一"的主体性则是需要证明的。"一"相对于"个体",诸多的"一"相对于"诸个体"。伊壁鸠鲁的"一"又不同于巴门尼德(以及爱利亚派创始人芝诺)的"一",后者完全是思想的产物,更接近于莱布尼茨的思想单子。原子式个人具有单一性,也就是个别性(质的规定性⑤,即个性)。强调自我意识的个别性("个别的自我意识"),这是伊壁鸠鲁不同于斯多亚派(强调普遍的自我意识)的重要一点。

---

① 《马克思恩格斯全集》第1卷,人民出版社1995年版,第36页。

② 费尔巴哈在《基督教的本质》中说:"人本身,既是'我',又是'你';他能够将自己假设成别人,这正是因为他不仅把自己的个体性当作对象,而且也把自己的类、自己的本质当作对象"(〔德〕费尔巴哈:《基督教的本质》,荣震华译,商务印书馆1984年版,第30页);"别人就是我的'你'——虽然这也是彼此的——,就是我的另一个'我'"(〔德〕费尔巴哈:《费尔巴哈哲学著作选集》下卷,荣震华、李金山等译,商务印书馆1984年版,第193页)。

③ 《马克思恩格斯全集》第40卷,人民出版社1982年版,第168页。

④ 在《博士论文》中马克思将这种原子的"典型"称为"原子概念中本质与存在的矛盾"。参见《马克思恩格斯全集》第1卷,人民出版社1995年版,第44页。"原子概念中所包含的存在与本质、物质与形式之间的矛盾,表现在单个的原子本身内,因为单个的原子具有了质。"《马克思恩格斯全集》第1卷,人民出版社1995年版,第49页。关于马克思的"典型化"方法,参见鲁克俭《抽象辩证法:唯物主义实在论的根据》,《马克思主义理论学科》2019年第1期。

⑤ 特别是重力,因为它使质料具有"观念上的个别性",它是"处于质料自身之外的观念上的点的质料个别性"。Marx-Engels Gesamtausgabe. I/1, Text, Berlin: Dietz Verlag, 1975, s. 43.

　　另一方面，你的"自我"并不完全等于我的"自我"①。因为原子的个性除了体现在"个别的自我意识"（抽象单一性）方面，也体现在质料方面（特别是重力），这后一点与费尔巴哈强调人的感性方面有共通点。② 因此，原子是质料与形式的统一（费尔巴哈的类存在是理性、意志与爱的统一），其中"质料"代表人的感性（生物性、肉体）的维度（包含空间、时间，处于现象世界），是纯粹定在；"形式"③ 代表自我意识的维度，是纯粹形式。马克思在《关于伊壁鸠鲁哲学的笔记》中还有"经验的唯一的自为存在"④ 的说法。

　　此外，马克思不但强调原子是质料与形式的统一⑤，还是存在与本质的统一。马克思《博士论文》中用"质料与形式""存在与本质"这两对范畴，显然与黑格尔的《逻辑学》有关，但更多与亚里士多德有关。⑥ 按照亚里士多德，个体是真正的实体，任何个体都是质料与形式的统一。但个体（存在）离不开共相（类），本质（共相）寓于个

---

　　① 费尔巴哈在《基督教的本质》中说："'我'与'你'的区别……只是一种比男女之间的区别更为现实、更为活跃、更为激烈的区别。男女之间的'你'，是跟朋友之间单调的'你'完全两样的。""如果一切人都是绝对地等同的，那么，类跟个体之间当然就没有什么区别了。"［德］费尔巴哈：《费尔巴哈哲学著作选集》下卷，荣震华、李金山等译，商务印书馆1984年版，第122、193页。

　　② 费尔巴哈讽刺黑格尔的唯心主义时说，如果只强调类的普遍性方面，我的女人就与你的女人，是同一个女人了。

　　③ "抽象的个别性就应该把它观念化，而这只有普遍性才有可能做到"。（《马克思恩格斯全集》第1卷，人民出版社1995年版，第35页）马克思在《关于伊壁鸠鲁哲学的笔记》的一开始，就关注到了普遍性（形式）与观念化（观念性）的关系问题。从观念性到自我意识，只是一步之遥。马克思将普遍性、形式、本质、观念、自我意识看作同一层次的概念，并最终将它们与"偏斜"联系起来，从而迈出了对伊壁鸠鲁原子论建构中的关键一步。

　　④ 《马克思恩格斯全集》第40卷，人民出版社1982年版，第91页。

　　⑤ 马克思强调原子的"形式"，应该是受到费尔巴哈《对莱布尼茨哲学的叙述、分析和批判》的影响。费尔巴哈说：单子"与德谟克利特和伊壁鸠鲁的物质原子不同，它是'形而上学的点，实体的形式，原始的力，原初的隐德来希、形式的原子'"。［德］费尔巴哈：《对莱布尼茨哲学的叙述、分析和批判》，涂纪亮译，商务印书馆1985年版，第44页。马克思结合德谟克利特的物质原子与莱布尼茨的形式原子，构造出伊壁鸠鲁的原子概念。

　　⑥ 参见鲁克俭《试论马克思对黑格尔逻辑学的创造性转化——以马克思〈博士论文〉为例》，《哲学动态》2013年第6期。

体之中。相对于个体来说，共相是形式。因此"形式"是连接点①，是能动的因素。与亚里士多德的个体有所不同的是，马克思所理解的原子不但具有能动性，还具有与自我意识相关的主体性：原子的形式就是自我意识，体现为抽象（即普遍）的单一性、排斥、重力、偏斜等方面。亚里士多德的"形式"最终会导致神，而马克思的"形式"最终导向人的自我意识。

把原子式个人回溯到原子一般，质料就是原子受动的物理方面，形式就是体现主动的主体性方面（自主活动②）："那在质料的形态下同抽象的质料作斗争的抽象形式，就是**自我意识本身**。"③ 而排斥是"**自我意识的最初形式**"，"在排斥中，原子概念实现了，按这个概念来看，原子是抽象的形式"④，"在原子的排斥中，表现在直线下落中的原子的物质性和表现在偏斜中的原子的形式规定，都综合地结合起来了"⑤。**"排斥是自我意识的最初形式；因此，它是同那种把自己看作是直接存在的东西、抽象个别的东西的自我意识相适应的。"**⑥

打通原子一般与原子式个人的界限，是马克思《博士论文》迈出的重要一步。任何原子都具有质料和自我意识两端，这类似于斯宾诺莎⑦的泛神论，即实体是思维和广延。但斯宾诺莎的实体是无限实体，而非众多的单个实体。原子作为不同等级的实体，就像后来莱布尼茨的单子一样，只是并列的存在，并非演进的历史生成关系。这是马克思《博士论文》时期的自然观。我们不能以现在的自然科学知识来苛

① "'灵魂是一个实体'意思就是指'灵魂是一个形式'。"［阿拉伯］伊本·西那（阿维森纳）：《论灵魂——〈治疗论〉第六卷》，王太庆译，商务印书馆2009年版，第10页。

② "运动被设定为自我规定。"参见《马克思恩格斯全集》第1卷，人民出版社1995年版，第38页。

③ Marx-Engels Gesamtausgabe. I/1, Text, Berlin: Dietz Verlag, 1975, s. 56.

④ 《马克思恩格斯全集》第1卷，人民出版社1995年版，第37页。

⑤ 《马克思恩格斯全集》第1卷，人民出版社1995年版，第37页。

⑥ 《马克思恩格斯全集》第1卷，人民出版社1995年版，第37页。

⑦ 马克思在《柏林笔记》中摘录了斯宾诺莎的著作。

求马克思，毕竟生物进化理论是 19 世纪 50 年代才由达尔文创立。即使前推到拉马克的进化学说，进化观念在马克思《博士论文》时期也只是零星的思想。①

这里有必要对"自我意识"作一说明。马克思《博士论文》中的自我意识有狭义和广义之分。狭义的自我意识指原子概念的一个规定性方面（普遍性、形式或观念性方面），与偏斜有关。广义的自我意识指抽象个别性，也就是原子本身，也包括质料的方面（但质料不是主导的方面），这是唯物主义自我意识。② 广义上的自我意识就相当于人的本质，原子式个人可以与自我意识画等号。但这不同于马克思在《1844 年经济学哲学手稿》中所批判的黑格尔思辨唯心主义。如果从阿多诺的"非同一性"理论来看，原子的质料与形式不能同一，不能像黑格尔那样把"物"变成"物性"，变成自我意识的异化和异化扬弃，从而变成思维领域的自我运动和旋转（思维劳动）。

马克思在《关于费尔巴哈的提纲》中附和赫斯《晚近的哲学家》中的说法，把费尔巴哈看作立足于市民社会，代表了赫斯和马克思对费尔巴哈的新认识。之前他们曾经误读了费尔巴哈的"类"概念，把"类"与"社会"画等号。在受到施蒂纳的批评之后，费尔巴哈澄清说自己的"类"是个体性的。费尔巴哈并没有狡辩，确实是之前赫斯、恩格斯和马克思误解了他，才导致了施蒂纳的进一步误读。③ 现在回过头来看马克思《博士论文》中的原子概念，与费尔巴哈的"类"概念是非常接近的。

---

① 马克思《博士论文》时期多次摘录黑格尔的《自然哲学》。黑格尔的自然哲学明确否定自然具有历史，其自然哲学的时间概念是从外面（理念）注入自然的（理念有历史，自然没有）。反而是谢林的自然哲学包含了自然进化和演变的思想。

② 参见鲁克俭《马克思〈博士论文〉与恩格斯〈谢林和启示〉之比较》，《北京行政学院学报》2010 年第 5 期。

③ 施蒂纳把赫斯、恩格斯和马克思把看作费尔巴哈的门徒，把"社会"神圣化了。

（三）马克思《博士论文》的宗教批判

鲍威尔 1839 年夏天开始探讨伊壁鸠鲁派、斯多亚派、怀疑派同基督教关系的工作。鲍威尔是把基督教看作普遍自我意识的一个受时间限制的、暂时的形式，而基督教又与伊壁鸠鲁派、斯多亚派、怀疑派有关，因为这三派自我意识哲学产生自人的苦恼意识，而基督教就是苦恼意识（或译为不幸意识）在宗教上的体现。[①] 有别于鲍威尔宗教批判的进路，马克思的宗教批判是从伊壁鸠鲁的伦理学入手的。

强调伊壁鸠鲁的宗教批判，并不意味着断言伊壁鸠鲁是无神论者。实际上，伊壁鸠鲁并不否认神的存在。只是伊壁鸠鲁的神类似于中国儒家思想的"敬鬼神而远之"，神与人是两条平行线，互不相干。如果把二者牵扯到一起，就会产生迷信，从而妨碍人的心灵的宁静（不动心）。因此，宗教批判是伊壁鸠鲁快乐主义伦理学的必然结论。

这一超越黑格尔《哲学史讲演录》的研究重心转变（从强调伊壁鸠鲁的伦理学到强调伊壁鸠鲁的宗教批判），从马克思写于 1839 年年初至 1840 年年初的《关于伊壁鸠鲁哲学的笔记》就可以发现蛛丝马迹。在《关于伊壁鸠鲁哲学的笔记》之笔记本Ⅰ，马克思摘录了第欧根尼·拉尔修第 10 卷。[②] 马克思的摘录是跳跃着做的。笔记本Ⅰ从该卷的第 10 页（第 2 节）开始摘录。在第 25 页（第 29 节），马克思发现"它［即伊壁鸠鲁哲学］分成三部分：准则学、物理学和伦理学"。

---

① 参见［法］奥古斯特·科尔纽《马克思恩格斯传 1818—1844》第一卷，刘丕坤等译，生活·读书·新知三联书店 1963 年版，第 299—301 页。关于苦恼意识与宗教意识的关系，可参见黑格尔《精神现象学》第四章。

② 《比埃尔·伽桑狄评第欧根尼·拉尔修，第 10 卷：论述伊壁鸠鲁的生平、习惯和见解》。（1649 年里昂版）

于是，马克思先摘录准则学，写下了"（1）准则学"的标题。① 但马克思只摘录了第 31—33 节（第 25—29 页），就直接跳到从第 123 节（第 82 页）开始的"伊壁鸠鲁致梅诺伊凯乌斯"。"伊壁鸠鲁致梅诺伊凯乌斯"涉及的是伊壁鸠鲁的伦理学，但核心思想是宗教批判。马克思摘录的第一句话就是："**首先，根据神是不灭的和幸福的存在物——这是关于神的一般观念所要求的，请你不要把任何与不灭相抵触的、与幸福不相容的东西加到神的头上去。**"②

这里有一个文献学事实。在第欧根尼·拉尔修第 10 卷，"伊壁鸠鲁致希罗多德"（第 37—81 节，即第 31—58 页）和"伊壁鸠鲁致皮托克勒斯"（第 86—90 节，即第 60—62 页）在"伊壁鸠鲁致梅诺伊凯乌斯"之前。马克思是在摘录完第欧根尼·拉尔修第 10 卷之后，又回过头来对"伊壁鸠鲁致希罗多德"和"伊壁鸠鲁致皮托克勒斯"作了摘录。对"伊壁鸠鲁致希罗多德"摘录占据了笔记本 I 的最后部分和笔记本 II 的前面部分，对"伊壁鸠鲁致皮托克勒斯"的摘录接续对"伊壁鸠鲁致希罗多德"的摘录。"伊壁鸠鲁致梅诺伊凯乌斯"基本上是纯粹的摘录，而此后的摘录都夹杂不少评论性内容（摘录式阅读之后的思想火花或思考结晶）。显然，马克思在开始伊壁鸠鲁哲学研究之初，在对伊壁鸠鲁还是进行研究性学习阶段，最令他感兴趣的内容，恰恰反映了他博士论文选题的初衷。

在《博士论文》序言中，马克思引用了伊壁鸠鲁的一句话："渎神的并不是那抛弃众人所崇拜的众神的人，而是同意众人关于众神的意见的人。"③ 这句话就出自"伊壁鸠鲁致梅诺伊凯乌斯"摘录的开头：

---

① 《马克思恩格斯全集》第 40 卷，人民出版社 1982 年版，第 28 页。马克思并没有继续按"（2）物理学"和"（3）伦理学"的标题划分来进行摘录。看来马克思并没有像前人（包括黑格尔，黑格尔在准则学后面加了一个"形而上学"的内容）那样局限于考察伊壁鸠鲁哲学的这三个方面。

② 《马克思恩格斯全集》第 40 卷，人民出版社 1982 年版，第 29 页。

③ 《马克思恩格斯全集》第 1 卷，人民出版社 1995 年版，第 12 页。

"摈弃众人所信的众神的人，并不是**渎神**的，而**同意众人关于众神的意见的人，才是渎神的**。"① 在序言中这句引文的后面，马克思接着写道："哲学并不隐瞒这一点。普罗米修斯的自白'总而言之，我痛恨所有的神'。"② 挑明了《博士论文》的主旨是宗教批判，是当时鲍威尔、费尔巴哈所进行的宗教批判大合唱中的一员。

《博士论文》第二部分第五章"天象"，其主题是马克思的宗教批判。实际上，在《关于伊壁鸠鲁哲学的笔记》中，马克思很早就开始关注伊壁鸠鲁关于"天象"的论述，并把"天象"问题与宗教批判联系起来。马克思甚至明确提到"基督教哲学的战斗口号"③。前面我们已经看到，马克思构建的伊壁鸠鲁原子概念类似于费尔巴哈的类本质。费尔巴哈在《基督教的本质》中，把上帝看作人的类本质的异化（对象化）。在此岸世界，个体与类的矛盾④产生苦恼意识，

---

① 《马克思恩格斯全集》第40卷，人民出版社1982年版，第29页。
② 《马克思恩格斯全集》第1卷，人民出版社1995年版，第12页。
③ 《马克思恩格斯全集》第40卷，人民出版社1982年版，第61页。
④ "宗教是人**跟自己的分裂**"，"上帝跟人的这种对立、分裂——这是宗教的起点——，**乃是人跟他自己的本质的分裂**。"（［德］费尔巴哈：《费尔巴哈哲学著作选集》下卷，荣震华、李金山等译，商务印书馆1984年版，第60页）"类是无限的，只有个体才是有限的。但是，感觉到界限，确实令人痛苦的；个体在对完善存在者的直观里面摆脱这种痛苦；在这种直观里面，个体占有了自己所欠缺的东西。"（［德］费尔巴哈：《费尔巴哈哲学著作选集》下卷，荣震华、李金山等译，商务印书馆1984年版，第188页）。人的有限性"基于实存跟本质、个体性跟类的**区别**"（［德］费尔巴哈：《费尔巴哈哲学著作选集》下卷，荣震华、李金山等译，商务印书馆1984年版，第69页）。类的完善性来自理智，而人不但有理智，还有心，有感情，因此感情人具有"心灵的苦恼、热情、放纵"（［德］费尔巴哈：《费尔巴哈哲学著作选集》下卷，荣震华、李金山等译，商务印书馆1984年版，第61页），具有"感性之痛苦、需要、渴求"（［德］费尔巴哈：《费尔巴哈哲学著作选集》下卷，荣震华、李金山等译，商务印书馆1984年版，第77页），"理智经常使我们跟我们自己、跟我们的心处于痛苦的冲突之中"（［德］费尔巴哈：《费尔巴哈哲学著作选集》下卷，荣震华、李金山等译，商务印书馆1984年版，第62页）。"理智是**类所原有的能力**；心代表**特殊**的事情，代表个体，而理智则代表**普遍**的事情"（［德］费尔巴哈：《费尔巴哈哲学著作选集》下卷，荣震华、李金山等译，商务印书馆1984年版，第62页）。无限者"是不可区分地类和个体合而为一，本质和实存合而为一"（［德］路德维希·费尔巴哈：《费尔巴哈哲学著作选集》下卷，荣震华、李金山等译，商务印书馆1984年版，第69页）。

是此岸世界中人的苦难①。而在彼岸世界，上帝中，个体与类的矛盾（这是一种苦恼意识）得到了解决。于是人匍匐在他自己创造的对象面前，对其顶礼膜拜。迷信就这样产生了。马克思在《博士论文》的"天象"章，也是按照这样的逻辑来解释神（天体）的存在。马克思说："**天体就是成为现实的原子**。在天体里，质料把个别性纳入它自身之中。"②"我们已经看到了，整个伊壁鸠鲁的自然哲学是如何贯穿着本质和存在、形式和物质的矛盾。**但是，在天体中这个矛盾消除了**，这些互相争斗的环节和解了。在天体系统里，质料把形式纳入自身之中，把个别性包括在自身之内，因而获得它的独立性。"③"**但是，在达到这一点后，它也就不再是对抽象自我意识的肯定。**""现在，质料已经同形式和解并成为独立的东西，个别的自我意识便从它的蛹化中脱身而出，宣称它自己是真实的原则，并敌视那已经独立的自然。"④"只要作为原子和现象的自然表示的是个别的自我意识和它的矛盾，自我意识的主体性就只能以质料自身的形式出现；相反，当主体性成为独立的东西时，自我意识就在自身中反映自身，以它特有

---

① "苦恼意识"的说法来自黑格尔，费尔巴哈强调"内心、心情之眼泪和叹息"（［德］路德维希·费尔巴哈：《费尔巴哈哲学著作选集》下卷，荣震华、李金山等译，商务印书馆1984年版，第90页），强调"基督教之历史本身，就是**人类之受难史**"（［德］路德维希·费尔巴哈：《费尔巴哈哲学著作选集》上卷，荣震华、李金山等译，商务印书馆1984年版，第90页），上帝"**乃是自己了解自己的心情**，乃是我们哀叹声之回声；苦水必须吐出来"（［德］路德维希·费尔巴哈：《费尔巴哈哲学著作选集》下卷，荣震华、李金山等译，商务印书馆1984年版，第154页）。"这种心之舒畅，这个坦白出来的秘密，这个异化了的灵魂痛苦，则就是上帝了"（［德］路德维希·费尔巴哈：《费尔巴哈哲学著作选集》下卷，荣震华、李金山等译，商务印书馆1984年版，第155页）。"上帝是灵魂深处**无法描述的叹息**"（［德］路德维希·费尔巴哈：《费尔巴哈哲学著作选集》下卷，荣震华、李金山等译，商务印书馆1984年版，第155页）。"彼世……是美化了的今世。美化、改善，乃以谴责、不满为前提"（［德］路德维希·费尔巴哈：《费尔巴哈哲学著作选集》下卷，荣震华、李金山等译，商务印书馆1984年版，第219—220页）。

② 《马克思恩格斯全集》第1卷，人民出版社1995年版，第60页。

③ Marx-Engels Gesamtausgabe. I/1, Text, Berlin: Dietz Verlag, 1975, s. 56.

④ Marx-Engels Gesamtausgabe. I/1, Text, Berlin: Dietz Verlag, 1975, s. 56.

的形态作为独立的形式同质料相对立。"① 因此，抽象个别的东西一旦离开原子（个别的自我意识一旦离开原子式个人），一旦外化（对象化），作为抽象个别的东西（个别的自我意识）的产物（体现为抽象普遍性的实体）就会反过来敌视抽象个别的东西（个别的自我意识）。"由于物质把个别性、形式纳入它自身之中，像在天体中的情况那样，**质料就不再是抽象的个别性了。它成为具体的个别性、普遍性了。**"② 抽象的普遍的自我意识力图成为实体。斯多亚派哲学就具有"迷信的和不自由的神秘主义"③ 倾向。"抽象的普遍的自我意识本身具有一种在事物自身中肯定自己的欲望，而这种自我意识要在事物中得到肯定，就只有同时否定事物。"④ 在基督教里，这就是耶稣基督（具有神性的类人）的诞生。⑤ 正如费尔巴哈的基督教批判力图消除上帝异化，从而回归人自身一样，伊壁鸠鲁诉诸"个别的自我意识"（"心灵的宁静"），诉诸"自我意识⑥的绝对性和自由"⑦，"抽象的、个别的自我意识被设定为绝对的原则"⑧。

马克思是在 1841 年 3 月完成《博士论文》的，当时费尔巴哈的《基督教的本质》尚未出版，因此马克思并没有读到《基督教的本质》。因此，马克思的宗教批判具有原创性（不同于鲍威尔，与费尔巴哈平行）。马克思获得博士学位之后，曾致力于《博士论文》的正

---

① Marx-Engels Gesamtausgabe. I/1, Text, Berlin: Dietz Verlag, 1975, s. 57.

② Marx-Engels Gesamtausgabe. I/1, Text, Berlin: Dietz Verlag, 1975, s. 56.

③ 《马克思恩格斯全集》第 1 卷，人民出版社 1995 年版，第 63 页。

④ 《马克思恩格斯全集》第 1 卷，人民出版社 1995 年版，第 63 页。

⑤ "基督……乃是基督教中类跟个体性的这种直接统一之最明确的表现、最典型的象征。"［德］路德维希·费尔巴哈：《费尔巴哈哲学著作选集》下卷，荣震华、李金山等译，商务印书馆 1984 年版，第 189 页）

⑥ "这个自我意识只是在个别性的形式上来理解的。"《马克思恩格斯全集》第 1 卷，人民出版社 1995 年版，第 63 页。

⑦ 《马克思恩格斯全集》第 1 卷，人民出版社 1995 年版，第 63 页。

⑧ 《马克思恩格斯全集》第 1 卷，人民出版社 1995 年版，第 63 页。

式出版。1841 年的新序言（片段）就是最好的证明。但是，马克思最后放弃了《博士论文》的出版，应该与《基督教的本质》出版有关。可能在马克思看来，费尔巴哈在《基督教的本质》中对基督教作了更好也更系统的批判①，自己借助伊壁鸠鲁的原子论所作的宗教批判就显得多余了。

----

① 在《基督教的本质》中费尔巴哈就有如下说法："在今世是抽象的单一性，在彼世便是具体的多数性了。"［德］费尔巴哈：《费尔巴哈哲学著作选集》下卷，荣震华、李金山等译，商务印书馆 1984 年版，第 209 页。按照马克思的《博士论文》，天体就是具体的多数性。

二　伊壁鸠鲁与近代启蒙传统[*]

马克思在《博士论文》中说，"伊壁鸠鲁是最伟大的希腊启蒙思想家"①，这已经明确点明了伊壁鸠鲁与近代启蒙传统的关系。当然，马克思并非第一个意识到伊壁鸠鲁是希腊启蒙思想家的人，这一观点可以说是青年黑格尔派的共识。例如，科本在《弗里德里希大帝和他的敌人》（1840 年）中将伊壁鸠鲁主义、斯多亚主义和怀疑主义这三派哲学解释为"启蒙运动的道德和经验主义先驱"。然而，长期以来，国内学界鲜有关注伊壁鸠鲁与近代启蒙传统之间关系的专门性研究。与此相对，西方学者很早就关注到了伊壁鸠鲁与启蒙传统的关系。在《斯宾诺莎的宗教批判》和《霍布斯的宗教批判》这两本著作中，列奥·施特劳斯提到伊壁鸠鲁对斯宾诺莎及霍布斯宗教批判的影响。② 事实上，在施特劳斯之前和之后，西方学界还有许多专著涉及这一话题。这里简要介绍一下西方学者的研究成果。

（一）《伊壁鸠鲁在英格兰(1650—1725)》

第一部值得重视的专著是《伊壁鸠鲁在英格兰（1650—1725）》③。

---

　　* 本章参见鲁克俭《伊壁鸠鲁与近代启蒙传统》，《教学与研究》2021 年第 8 期。

　　① 《马克思恩格斯全集》第 1 卷，人民出版社 1995 年版，第 63 页。

　　② 随着施特劳斯这两部著作中文译本的出版，国内学者（如刘小枫）也开始关注伊壁鸠鲁与近代启蒙传统的关系。施特劳斯把霍布斯看作伊壁鸠鲁的复活。

　　③ Thomas Franklin Mayo, *Epicurus in England（1650 – 1725）*, Dallas, Texas：The Southwest Press, 1934.

作者托马斯·梅奥（Thomas Franklin Mayo）深入考察了英格兰1650—1725年的伊壁鸠鲁接受史。根据梅奥的研究，在1476—1650年的欧洲，古代希腊和罗马重要著作家著作的编译蔚为壮观，但其中竟然不包括伊壁鸠鲁。15世纪30年代，梵蒂冈图书馆员洛伦佐·瓦拉（Laurentius Valla）曾在其对话录《论快乐》（De Voluptate）一书中第一次为伊壁鸠鲁主义辩护。1516年，意大利经院哲学自由思想家彭波那齐（Tetrus Pomponatius）在其论不朽的著作《论灵魂不朽》中首次提到伊壁鸠鲁（涉及伊壁鸠鲁对待宗教的态度）。

1. 从法国的伊壁鸠鲁运动到英国的伊壁鸠鲁复兴

在法语文献中，对伊壁鸠鲁的兴趣可以追溯到16世纪，特别是弗朗索瓦·拉伯雷和孟德斯鸠的著作中。16世纪末，蒙田的著作中已经可以看到某种试探性的伊壁鸠鲁倾向。然而，法国真正的伊壁鸠鲁运动是以伽桑狄为中心的，它在17世纪初表现出重要性，在17世纪中叶达到旺盛时期。伽桑狄本人先后出版了《第欧根尼·拉尔修，第10卷：〈论伊壁鸠鲁的生平、习惯和见解〉注释本》（1646年）、《关于伊壁鸠鲁的生、死和快乐学说》（1647年）、《伊壁鸠鲁哲学体系》（1649年）等关于伊壁鸠鲁的研究著作。伽桑狄的朋友和门徒萨拉赞（Jean François Sarasin）则出版了《伊壁鸠鲁道德论》（1645年或1646年）。

《关于伊壁鸠鲁的生、死和快乐学说》和《伊壁鸠鲁道德论》等著作对英国的伊壁鸠鲁复兴产生了重大影响。英格兰接受了伽桑狄式的基督教伊壁鸠鲁主义，即与基督教相妥协的伊壁鸠鲁主义。此外，法国上层社会流行、作为一种现代生活方式的新伊壁鸠鲁主义，也影响到了英国。在此之前，英国人基本上忽视伊壁鸠鲁和伊壁鸠鲁主义。甚至在《新英语词典》中，好几个源自伊壁鸠鲁名字的单词含义也是混乱的。在17世纪中叶之前，英国人在写"伊壁鸠鲁主义"时，指的是某种形式的放任感官享受。伊壁鸠鲁主义者被看作陷于感官快乐（特别是口腹之欲）的人。比如，莎士比亚的作品中就把"伊壁鸠鲁主义"与"贪欲"并列使用。再如,伊壁鸠鲁主义者被看作培养出对餐桌上的快乐具有精美品位的人。后来,伊壁鸠鲁主义逐渐有了哲学含义,但指的却是"相当程度上的思想模糊不清"。无论如何,伊壁鸠鲁的著作在英国编译出版之前,伊壁鸠鲁不仅作为伦理学中的激进者,而且作为具有自己哲学体系、物理学和形而上学的哲学家已经为人所知。

英国对伊壁鸠鲁主义哲学用法的了解,主要来自卢克莱修《物性论》和拉尔修《名哲言行录》。《物性论》出版于 1473 年的布雷西亚,拉尔修著作的概略版出版于 1475 年的威尼斯,这两本书都数十次再版。但是,直到 17 世纪中叶,仍然缺乏伊壁鸠鲁著述的英语版本。16 世纪中叶,使英国著作家(包括托马斯·莫尔)感兴趣的古典作家是西塞罗和柏拉图,以及奥维德、贺拉斯、荷马等。直到 17 世纪中叶,英语世界仍然缺乏伊壁鸠鲁著述的英语版本。

培根在 1625 年出版的散文随笔之十六——《论无神论》中,对留基伯、德谟克利特、伊壁鸠鲁学派给予了同情式的对待,似乎预示着伊壁鸠鲁在英国的复兴。然而,随之而来的却是清教徒占主导的时代。清教徒的宿命论和禁欲主义,与伊壁鸠鲁主义是正相反对的。

1656 年之前,总共有三本有关伊壁鸠鲁的著作出版。第一本是 1590 年出版的《大英全书总目(或不列颠及国外文献总索引)之反对伊壁鸠鲁的不敬神》。第二本是 1619 年出版的《伊壁鸠鲁、德谟克利特、泰奥弗拉斯托斯的哲学》。第三本是 1626 年出版的《伊壁鸠鲁的斋戒》。其中,《伊壁鸠鲁、德谟克利特、泰奥弗拉斯托斯的哲学》不过是 1601 年在巴黎出版著作的英语重印版。这些书在英格兰都没有产生什么影响。此外,值得一提的是,一个清教徒女士翻译了卢克莱修诗(6 卷《物性论》),但它只是英译手稿(产生于 17 世纪三四十年代),缺乏传播影响力。

在梅奥看来,培根因其对德谟克利特原子主义的认可、托马斯·

布朗爵士因其对伊壁鸠鲁原则的警示，而成为英格兰伊壁鸠鲁复兴的先驱人物。伊壁鸠鲁著作出版在英国的真正开端，是 1656 年沃尔特·查尔顿（Walter Charleton）《伊壁鸠鲁的道德》一书的印行。这是第一本为伊壁鸠鲁进行辩护的英文著作。同一年，约翰·伊夫林（John Evelyn）将卢克莱修的《物性论》引入英国（主要是翻译）；托马斯·斯坦利（Thomas Stanley）的《哲学史》第 2 卷出版，其中包含了大量有关伊壁鸠鲁生平、语录以及著作的内容（112 页的篇幅）。此后伊壁鸠鲁学派的书籍相继出版，1685 年达到高峰，而且出版热潮一直持续到 17 世纪末。在 1650—1700 年这短短 50 年里，英格兰至少有 13 本书（包括编译）涉及伊壁鸠鲁或伊壁鸠鲁派的卢克莱修、佩特罗尼乌斯·马克西穆斯（Petronius Maximus）。其中，1675 年出版了卢克莱修《论物性》第一个在英国的拉丁版（这是 1662 年由 Tanneguy Le Fèvre 监督出版的《物性论》拉丁版的重印版）。伽桑狄的普及者弗朗索瓦·伯尼尔 1685 年对英格兰的访问，刺激了英国的伊壁鸠鲁复兴。在将伊壁鸠鲁主义引入英格兰的过程中，托马斯·克里奇（Thomas Creech）起到了举足轻重的作用。1682 年他翻译出版卢克莱修全 6 卷《物性论》①，他对卢克莱修的反驳在英格兰取得了压倒性的成功。在这个意义上，克里奇既是推动伊壁鸠鲁主义在英国流行的重要人物，也是第一个试图对伊壁鸠鲁主义进行系统批驳的人。1656 年，霍布斯哲学登场。英国的普通群众，将克里奇与当时异端思想的主要倡导者霍布斯联系起来（尽管克里奇不喜欢霍布斯）。1685 年，又有四本与伊壁鸠鲁有关的书出版：（1）约翰·德莱顿《第二诗集》中对卢克莱修诗的选译；（2）Ferrand Spence 编译的伊壁鸠鲁学派著作《杂录》；（3）圣-埃弗尔蒙（Saint-Évremond）的《给当代狮子的信》；（4）威廉姆·坦普尔（William Temple）的论集《伊壁鸠鲁的花园》。这促进了伊壁鸠鲁在英

① 同时附有 60 页的注释，这些注释旨在驳斥卢克莱修。

格兰的流行。

2. 17 世纪英国激进思想中的伊壁鸠鲁与霍布斯

梅奥还专列一章考察霍布斯与伊壁鸠鲁的关系。霍布斯的主要学术活动是在 1630—1679 年，同一时期，伊壁鸠鲁传入英国。与 17 世纪伊壁鸠鲁主义相似，霍布斯的思想也是异端。总体来看，霍布斯与伊壁鸠鲁的朋友和敌人都有交集。伊壁鸠鲁的朋友和敌人，大都在贵族中，特别是在宫廷圈子里。霍布斯是查理二世的宫廷老师，而查理二世是不折不扣的快乐主义者。"快乐王"身边也围绕着诸如圣-埃弗尔蒙、威廉姆·坦普尔等各式各样的快乐主义者。可以看出，正统派对伊壁鸠鲁和霍布斯的怀疑，其理由惊人地相似。第一，他们在对待哲学的功利态度上气味相投。他们都把在物理学和形而上学上的理论工作服务于其伦理目的。第二，在宇宙观上，他们都是彻底的唯物主义者。第三，伊壁鸠鲁是明显的自我论者和快乐论者，霍布斯也大抵如此（尽管附之以一定程度的正义）。[①] 梅奥认为，尽管霍布斯从未称赞过伊壁鸠鲁，也很少提伊壁鸠鲁的名字，也不管霍布斯是否受到伊壁鸠鲁的影响[②]，但霍布斯与伊壁鸠鲁之间确实有太多相同之处。

霍布斯关于自然状态的画面，关于史前人类特征的描述，可以在卢克莱修的诗中找到对应的描写：原始人"缩做一团躲在树林里和山洞里，把他们污秽的身体在树丛间藏起来，当他们被迫必须逃开风的鞭挞和大雨的袭击。他们也不能够注意共同福利，他们也不懂得采用任何共同的习惯或法律；运气给谁送来了什么礼物，谁就自己把它拿

---

① 梅奥对于霍布斯是否是自我论者和快乐主义者持一定的保留态度。在梅奥看来，伊壁鸠鲁是伦理上的快乐主义者，而霍布斯是心理上的快乐主义者。前者把人追求快乐看作义务（伦理要求），而后者把人追求快乐看作事实（心理现象）。伊壁鸠鲁无疑是哲学上的自我论者，他主张政治生活中狡猾谦卑，在社会生活中掩饰对自己标准和目标的坚定维护，而精明地保持着对流行形式的服从。霍布斯是否自我论者，却是值得商榷的，这特别体现在霍布斯的国家崇拜上。或者也可以说，伊壁鸠鲁是伦理上的自我论者，而霍布斯是心理上的自我论者。

② 霍布斯很可能是通过卢克莱修而受到伊壁鸠鲁的间接影响。

走，因为每个人都被教训只为自己取自力生活和奋斗"，"当他们被夜晚追上了的时候，他们就会像有刺毛的野猪一样把他们的身体赤裸裸抛在地上，滚进树叶"。① 而霍布斯关于自然状态下的人的著名描述是"孤独、贫困、卑污、残忍而短寿的"。

此外，霍布斯关于社会契约的思想，也可以在卢克莱修的《物性论》得到支持："邻居们开始结成朋友，大家全都愿意不再损害别人也不受人损害，并且代孩子和妇人们向人求情，他们吃吃地用叫声和手势指出：对于弱者大家都应该有恻隐之心。虽然当时完全的和谐还不能得到，——要不然，人类早就该已经完全绝灭，生育也应该不能使人类延续到现实。"② 在将社会契约的主权权威追溯到人民而非上帝这一点上，霍布斯的政治理论与伊壁鸠鲁也是一致的。

然而，梅奥强调，不论是在伦理学上还是在物理学上，霍布斯都不是严格意义上的伊壁鸠鲁派，在自由意志问题上两者还是对立的。③但是，这并不妨碍当时的普通民众把二者联系起来，而且 17、18 世纪的学者如坎特伯雷大主教汤玛士·泰森（Thomas Tenison）、新科学的代言人罗伯特·波义耳（Robert Boyle）、柏拉图主义者拉夫·卡德沃斯（Ralph Cudworth）、外国观察家阿贝·巴托（Abbe Batteux）等，都一致把霍布斯与伊壁鸠鲁学派联系起来。此外，18 世纪的沃伯顿主教（Bishop Warburton）说，"傲慢的霍布斯和他的主人卢克莱修呼吸的是同样的精神"；理查德·布莱克莫尔爵士（Sir Richard Blackmore）说，"霍布斯的哲学说什么新东西了吗？他在哲学上带来了比他之前的伊壁鸠鲁派更有力的东西了吗？""在他的花园里，有哪一朵花没有在他的希腊主人花园里长出来过？"梅奥指出，伊壁鸠鲁主义复兴走到高点与霍布斯声望达到高点在时间上是一致的。除了与霍布斯的思想意气相

① ［古罗马］卢克莱修：《物性论》第五卷，方书春译，商务印书馆 1981 年版，第 322、323 页。
② ［古罗马］卢克莱修：《物性论》第五卷，方书春译，商务印书馆 1981 年版，第 326 页。
③ 因为霍布斯主张决定论，有学者还把霍布斯看作古代斯多亚派的追随者。

投，伊壁鸠鲁在17世纪的英国哲学中找不到立足之地。伊壁鸠鲁主义与霍布斯一起，构成了17世纪英国激进思想的核心因素。这一激进因素解构了清教徒时代严厉的道德，也成为日益增长的科学和理性化基督教正统性的真正敌手。笛卡尔主义者、剑桥柏拉图主义者、英国圣公会教士及英国皇家学会都是伊壁鸠鲁和霍布斯共同的敌人。伊壁鸠鲁的敌人利用伊壁鸠鲁有用的原子论，却拒绝伊壁鸠鲁的神学和伦理学结论。但伊壁鸠鲁的神学和伦理学结论是从原子论推出来的。换句话说，伊壁鸠鲁借自德谟克利特的原子论恰恰是他神学和伦理学结论的理论基础。

安妮女王时代（18世纪初），伊壁鸠鲁复兴运动已经退潮，不过此时仍然出现了一个伊壁鸠鲁式的思想家曼德维尔。曼德维尔采用了伊壁鸠鲁的感觉论心理学，这一感觉论心理学在17世纪已经被霍布斯和洛克改造成其当代形式。曼德维尔在其代表作《蜜蜂的寓言》中，采用了和伊壁鸠鲁一样的个体主义方法。曼德维尔还和伊壁鸠鲁一样，主要关心的是伦理学。曼德维尔和伊壁鸠鲁都认为，所有的行为都基于自利。曼德维尔和伊壁鸠鲁、霍布斯一样，都承认人普遍自私这一事实，而且将其作为社会秩序和进步的基础。因此，曼德维尔是17世纪新伊壁鸠鲁主义的同路人。但在普遍敌视伊壁鸠鲁主义的社会氛围下，曼德维尔和伊壁鸠鲁也有区别：伊壁鸠鲁自满地把自利（自私的个人主义）看作全部德性的基础，而曼德维尔只是把其看作"私德"，这隐含着对"自利"行为的谴责态度。换句话说，曼德维尔以比伊壁鸠鲁更加唯心主义的标准来评价人的行为。

18世纪初，现代主义者（抬高现代而贬低古代）以及泛神论者都敌视伊壁鸠鲁。霍布斯是伊壁鸠鲁的当代同盟者，因此伊壁鸠鲁主义所受到的敌视［特别是1692年神学家本特利（Richard Bentley）的八篇反伊壁鸠鲁布道演讲］，同样被加之于霍布斯。伴随着政治上1688年光荣革命而来的土地贵族与新兴资产阶级（商人、银行家等）的妥协，在哲学上，霍布斯的激进唯物主义与极端的柏拉图主义，最终都让位于作为洛克正统的"共识"（洛克成功将理性与宗教相结合），以及沙夫茨伯里某种程度上的情感理性主义和贝克莱大主教温文尔雅的唯心主义。从语气来看，与洛克和沙夫茨伯里相比，贝克莱更不像是伊壁鸠鲁派。贝克莱对英国皇家学会新科学的态度，就像他对待伊壁鸠鲁的态度一样，是敌视的，因为此时皇家学会已经逐渐从 17 世纪正统派的堡垒①，转向自然神论异端的前哨。在占主导的哲学家洛克、沙夫茨伯里以及贝克莱那里，都存在着或明或暗的反伊壁鸠鲁主义态度。

18 世纪中叶，两个一流的思想家，英国的休谟和法国的伏尔泰，都偶尔就伊壁鸠鲁主义发表过观点。在《人类理解研究》第 11 章，休谟记录了他和爱好怀疑论悖论的一个朋友的对话。这个朋友为伊壁鸠鲁辩护，把自己暂时当作伊壁鸠鲁，把休谟假想为雅典人民。他之所以这样做，是为了说明伊壁鸠鲁的哲学并不会破坏良好的道德。休谟这样辩驳："有人如果想把他们这种谬见解除了，而那些人或者算是高明的推理家，但是我却不能承认他们是良好的公民和政治家；因为他们使人们摆脱掉了感情嗜欲所应受的羁绊，而且在某一方面使人们更容易、更安全地违反社会的法律。"② 在这里，休谟强调的是，信念（不管正确与否）对于社会是有用的。伏尔泰也承认，相信存在智能的设计者，并非更坏的选择。

（二）《启蒙运动中的伊壁鸠鲁》

由内文·莱迪（Neven Leddy）和阿维·利夫席茨（Avi S. Lifschitz）

---

① 皇家学会在由查理二世成立之初是支持伊壁鸠鲁的，但它很快就与英国圣公会结盟，强调科学在"第一因"问题上会作出基督教的结论。这一结盟从牛顿这样的有神论科学家那里获得了许多弹药。

② ［英］休谟：《人类理解研究》，关文运译，商务印书馆 1981 年版，第 130 页。

主编的《启蒙运动中的伊壁鸠鲁》①，按国别考察了 18 世纪前后启蒙运动中的伊壁鸠鲁主义，正好衔接梅奥的《伊壁鸠鲁在英格兰（1650—1725）》。该书是一本会议论文集，不同作者有不同的研究主题。下面简要介绍一下《启蒙运动中的伊壁鸠鲁》中几篇重要文章的主要研究结论。

1. 埃洛迭·阿尔戈的《培尔对伊壁鸠鲁的辩护》

埃洛迭·阿尔戈（Elodie Argaud）聚焦培尔对伊壁鸠鲁的辩护。埃洛迭·阿尔戈指出，培尔在其《历史批判辞典》"伊壁鸠鲁"条，通过两个想象的对话为花园派哲学家作辩护。这两个想象的对话发生在伊壁鸠鲁与柏拉图主义者，以及伊壁鸠鲁与异教教士之间。培尔的这个词条总体上奠定了为伊壁鸠鲁不信神进行辩护的基础。但培尔对伊壁鸠鲁的辩护，有别于伽桑狄从自传着手的传统辩护策略。通过在哲学上而非自传层面对伊壁鸠鲁否定天意所作的辩护，培尔不仅在伊壁鸠鲁辩护史上开创了新的进路，而且明确提出了伽桑狄回避的一些问题。在区分何者是伊壁鸠鲁思想中站得住脚的与何者是可受斥责的错误问题上，培尔也颠覆了伽桑狄的观点。伽桑狄的基督教解释框架意味着，对天意的否定是伊壁鸠鲁思想中应该加以排除的错误。与此相反，培尔的解释显示，伊壁鸠鲁对天意的否定并非出自他的疏忽或推理能力的欠缺，伊壁鸠鲁哲学上的连贯性取决于其逻辑上的连贯性。与伽桑狄勾画的伊壁鸠鲁形象相反，培尔笔下的伊壁鸠鲁是一个能够在理性及方法上进行论述的精巧论辩大师。培尔表明，伊壁鸠鲁是比其他哲学家更为一致的独断论者。培尔还讨论了伊壁鸠鲁提出的上帝悖论：上帝不可能创造一个有损其绝对完善性的世界，因为上帝不可能预见不到人心中藏着恶，而这种恶的存在会损害上帝的全能。换句话说，如果上帝是全能的，就不可能创造存在着恶的世界；如果上帝创造了

---

① Neven Leddy and Avi S. Lifschitz（ed.），*Epicurus in the Enlightenment*，Oxford：Voltaire Foundation，2009.

存在着恶的世界，那上帝就不是全能的。在伊壁鸠鲁那里，上帝处于不动心状态，对其他事务（包括无中生有创造世界）漠不关心。在伊壁鸠鲁看来，上帝不可能既是原因又是创造者。在对伊壁鸠鲁进行辩护的过程中，培尔还将斯宾诺莎主义变成了伊壁鸠鲁主义的必然结果，斯宾诺莎主义被看作对伊壁鸠鲁就天意问题所提问题的解答，伊壁鸠鲁对"创造"的批判可以在斯宾诺莎的体系中找到答案。从而，伊壁鸠鲁证成了斯宾诺莎，也维护了斯宾诺莎。在培尔看来，伊壁鸠鲁是将连贯性看作衡量哲学有效性的首要标准。培尔反转了马勒伯郎士对不信神的批驳：驳斥不信神的东西反过来变成了驳斥基督教的原则。于是，培尔将理性的基督教翻转为理性的反基督教，并在这一过程中提供了源自伊壁鸠鲁哲学体系的批判装置。

2. 汉斯·布洛姆的《17 世纪荷兰社会性概念的伊壁鸠鲁主题》

汉斯·布洛姆（Hans W. Blom）首先指出，理查德·塔克（Richard Tuck）[①] 促使当代学者在伊壁鸠鲁主义中发现了解读霍布斯范式的新视角，从而改变了人们对 17—18 世纪政治思想的理解。在荷兰政治思想与霍布斯的互动［从格劳秀斯到霍布斯，从霍布斯到考特（Pieter de la Court）、斯宾诺莎和曼德维尔］中，伊壁鸠鲁主题非常重要，当然伊壁鸠鲁主题也在变换着色彩。布洛姆赞同这样一种观点：在自我保存方面（涉及在更大整体中是否关心个人本身以及个体效用的计算等），伊壁鸠鲁派与斯多亚派之间没有本质区别。他们的区别在于，真正的伊壁鸠鲁派鄙视政治和宫廷，更偏好在家庭产业上辛勤劳作，以及过一种具有美德和友谊的生活；而斯多亚派即使过一种远离城市的不动心生活，也有兴趣理解政治挑战。

格劳秀斯读过斯多亚派西塞罗著作的荷兰译本。西塞罗在《论至

[①] 参见 Richard Tuck, *Philosophy and government*, *1572 – 1651*, Cambridge：Cambridge University Press, 1993；Richard Tuck, *The Rights of war and peace*：*political thought and the international order from Grotius to Kant*, Oxford：Oxford University Press, 1999。

善和至恶》（De finibus bonorum et malorum）中阐发了斯多亚派的社会性概念。格劳秀斯在建构自己的现代自然法概念时，借用了西塞罗《论道德目的》第三卷中"爱"（amor sui）这一关键概念。格劳秀斯坚持斯多亚的美德是目的本身这一根本观念。格劳秀斯将"自爱"作为其现代自然法理论中的核心内容，但他就像贺拉斯一样，对自爱也持有保留态度，强调自爱并非盲目的自爱。格劳秀斯在《捕获法》中，以人性（格劳秀斯把人性看作上帝的造物）来解释人的社会性。这一人性原理强调，人的自我保存是第一原则。但这一自爱并非没有边界，其界限就是别人同样的自爱。这种人性就证成了人自我保存、自我防御的权利，同时也证成了别人处于和平及占有物品的权利。因此，社会作为一个整体就要被授予某些明显特性，从而能按照社会的意志来进行统治。但人为了能够自我保存，社会统治与个人自治缺一不可。社会合作的形式要求是相互性，质料要求是信任和可信任性。

考特的主要观点是，政治家应该出于自利而行动。政治家透明的自利，再加上合理的制度，可以为人们谋最大福祉。个体公民的自利，可以合成为公共善，因此可以利用公民的个体品质（为满足深思熟虑的自利而组织其生活的能力）来优化这种公共善。当然，需要对公民进行教育、训练及长期的实践。合适的制度，能够产生照顾好他们自己福祉同时又对别人有用的个体。

作为考特最著名的学生，斯宾诺莎就接着说公民是造成的而非天生的。斯宾诺莎将自然法与利益理论整合起来，不再容许伊壁鸠鲁主义与斯多亚主义的对立。聪明人的行动既出自其自控，也出自其自利。理性的自利必须导致理性的合作，而理性合作解释了社会的存在和进步。相信仁慈或爱国主义是形成社会的力量，是幼稚的。一个良序社会知道如何使信任成为生活的基本要素，而法庭在产生信任方面起着关键作用。

这一基本洞见将格劳秀斯、考特和斯宾诺莎联系起来。曼德维尔就是在这一学术背景下出场的。考特和斯宾诺莎认为，制度使统治者伤害公民利益会付出代价，曼德维尔则表明制度具有其内在的取代官员个人动机的道德逻辑（官员会学着为了公共善而放弃自己的利益）。在曼德维尔看来，没有克己（自我牺牲）就没有道德。但曼德维尔强调自利是良序（天意）的引擎。要想得到别人的服务，就要给别人以奖赏。因此理解社会中的个人评价体系就非常重要，而个人评价最终依赖于自喜（自尊），这种自尊要求不断获得别人的确证。因此，自我确证是人们相互之间可以提供的最重要服务。布洛姆认为，曼德维尔是将伊壁鸠鲁主义的"自利"嵌入新斯多亚主义的框架（比如斯多亚的社会性观念）中。

3. 托马斯·阿赫内尔特的《伊壁鸠鲁主义与德国早期启蒙运动中自然法的转型》

托马斯·阿赫内尔特（Thomas Ahnert）指出，在德国早期启蒙自然法理论的发展中存在这样一种较为普遍的信念：紧随自然法而来的是令人愉快，是自利和效用。这里，伊壁鸠鲁主义所起的作用是反方向的，即自然法理论家都力图避免伊壁鸠鲁主义，而给对手贴上伊壁鸠鲁主义的标签。

阿赫内尔特考察了三个自然法理论家。第一个是塞缪尔·冯·普芬道夫（Samuel von Pufendorf）。普芬道夫的自然法涉及惩罚理论。莱布尼茨认为，违反自然法所受的惩罚可以不发生在今生，而发生在来世。普芬道夫认为，自然理性不可能让人相信来世的存在。于是，自然法惩罚问题的解决，似乎唯有将伊壁鸠鲁派的自利看作人类行为的有效动机。普芬道夫从来没有明确认为自己是伊壁鸠鲁派，但他的唯意志论自然法理论很容易招致伊壁鸠鲁主义的指责。而普芬道夫也清楚地意识到了这一危险。在一封写给托马西乌斯的信（1688 年）里，普芬道夫说伊壁鸠鲁的伦理学要比亚里士多德的伦理学好，但伊壁鸠鲁的伦理学容易招蠢人的恨。

　　克里斯蒂安·托马西乌斯（Christian Thomasius）试图解决自然法理论中的惩罚问题。托马西乌斯区分了两种自利，一种是与伊壁鸠鲁主义相联系的腐败自利，一种是真正的自利（合理的爱），从而自然法与自利之间并不存在真正的冲突。道德行动总是符合个体利益，因为自然法建立在人类普遍幸福基础之上，而人类的普遍幸福总是包括每个人的个体幸福。因此，个体就有遵守自然法的明确动机。人们的行动违反自然法的原因，并不在于自然法与他们的利益相冲突，而在于他们对自己的利益有错误的认知。真正的好东西，必定是有用的，因为它保存和维持人本身。合理的爱的观念，为人们今生道德地行动提供了动机，即使人们对来世的惩罚和奖赏并没有清晰的观念。

　　约翰·施毛斯（Johann Jacob Schmauss）是托马西乌斯的学生，最接近伊壁鸠鲁派。1735年，施毛斯宣称自然法源自效用。他附和贺拉斯，把效用看作正义和非正义之母（或者正义与平等之母）。根据施毛斯的说法，格劳秀斯虽然在《战争与和平法》中表面上捍卫相反的观点，但实际上只是在字面上否认正义是效用的产物。施毛斯提出，自然法并非学识的产物，而是人的情感或本能的产物。他认为，每个人都有自然权利去追寻有益于自己福祉的好东西。人的幸福有许多种，每种幸福都具有同等的价值。害怕别人的惩罚，在自然状态下比在文明状态下来得更为直接。与普芬道夫和托马西乌斯不同，施毛斯相信在自然法中有一个制裁体系，它足以有效地保证人们遵守自然法。要让人不按其本能来行动，几乎是不可能的，但理性（特别是语言发明以后）却自以为能比本能更好地指导人的行动。施毛斯指出，普芬道夫、托马西乌斯都不把自己看作伊壁鸠鲁派，但同时代人时常把他们看作伊壁鸠鲁派。施毛斯认可伽桑狄的基督教伊壁鸠鲁主义，但他更偏爱斯多亚派。

4. 查尔斯·沃尔夫的《适合于有机身体的幸福：拉美特利的医学伊壁鸠鲁主义》

查尔斯·沃尔夫（Charles T. Wolfe）指出，拉美特利是第一个明确声称自己是唯物主义者的重要思想家。在《动物是机器》（1750 年）这本书中，他把自己的体系称作"伊壁鸠鲁—笛卡尔"的。沃尔夫认为，无论是拉美特利的唯物主义还是其伦理学，都是独特而连贯的伊壁鸠鲁派。在《伊壁鸠鲁的体系》这本书的第 41 节，他说他冒险将自己等同于伊壁鸠鲁，而且在其他地方他把自己在理论观念上等同于作为唯物主义的伊壁鸠鲁主义。

至于"伊壁鸠鲁—笛卡尔主义"的笛卡尔派方面，拉美特利在该书中很少予以强调。拉美特利属于当时的伊壁鸠鲁医学传统，其代表人物是巴黎医生纪尧姆·拉米（Guillaume Lamy）。拉美特利原创性地改造了这一传统。拉米试图将伽桑狄派的原子主义与笛卡尔派的科学（它拒绝终极因）结合起来，但最终拒绝伽桑狄的"基督教化的伊壁鸠鲁主义"。拉米使伽桑狄的打了折扣的原子主义合乎逻辑地转变为卢克莱修的真正唯物论的原子主义。拉美特利与拉米在许多方面都一致（特别是在医学话语与传统哲学话语的联系方面），但他们在灵魂的地位问题上看法不同。拉美特利是一个现代伊壁鸠鲁派，这体现在两个方面，首先，他是主张有生命物质的唯物主义者；其次，有生命的物质不只是形而上学家密室里的研究对象，而且是医学哲学的研究对象。

沃尔夫认为，拉美特利其实是一个伊壁鸠鲁—斯宾诺莎主义者，而非伊壁鸠鲁主义或斯宾诺莎主义的学者。不过伊壁鸠鲁派的语境处于拉美特利思想的首位，这才使他对斯宾诺莎作唯物主义解读成为可能。古代伊壁鸠鲁主义更关注平衡、免于烦扰（不动心）、免于恐惧（迷信），而近代伊壁鸠鲁主义则将突出其快乐主义和唯物主义含义。

近代伊壁鸠鲁主义者忽视卢克莱修和伊壁鸠鲁的伦理观点（这是自然科学的最终目标），而对物理学和生物学研究更感兴趣。拉美特利就是如此。他感兴趣的不是素朴的唯物主义，而是有生命物质的唯物主义，与有生命物质的观念密切相关。因此，拉美特利并非仅仅将笛卡尔的机械论扩展到人身上。拉美特利的物质不能还原为广延。他试图以医学为基础的或医学化的观点来取代传统道德哲学：拉美特利强调器官的幸福，即我们器官上快乐主义的、物质上可明言的幸福。

拉美特利把传统道德哲学的领域还原为医学领域。拉美特利绝非物活论者，但他也批评机械论。拉美特利医学伊壁鸠鲁主义的原创性在于，他将针对身体的医学唯物主义方法与对道德性的重新思考联系起来：个体是善良的还是邪恶的，这是由其血液决定的。没有人和别人有一样的血，个体有生物独特性。这是拉美特利独特的器官决定论。在拉美特利这里，伊壁鸠鲁主义的唯物主义除了强调有生命的物质，还提供一种追求个体幸福（器官的幸福）的快乐主义理论。人就是为快乐而生，而非知识的持有者。因此，拉美特利持一种医学经验主义，而反对理性主义。

沃尔夫认为，拉美特利在启蒙运动中（或者说为启蒙运动）发明了一种新的、独特形式的伊壁鸠鲁主义：它既非仅仅快乐主义的，也非对活着的身体自然所作的严格唯物主义思辨，而是一种医学伊壁鸠鲁主义。拉美特利将新形式伊壁鸠鲁主义中的快乐主义成分与活力唯物主义成分组合起来，倡导身体组织的幸福（快乐）。那么是谁知道我们身体组织的功能性规律呢？答案是医生哲学家，也就是医学伊壁鸠鲁派。拉美特利的"治愈艺术"通过诉诸更深层的结构而抛开了幸福与德性的悖论，从而反对基于身心二元论的表层伦理学。人这台机器的深层器官结构，遵循健康的规范而运行。

5. 皮埃尔·福斯的《作为伊壁鸠鲁派政治理论家的爱尔维修》

皮埃尔·福斯（Pierre Force）指出，拉罗什富科（La Rochefoucauld）一直被解读为奥古斯丁派，但自 18 世纪以来他最常被解读为伊壁鸠鲁派。爱尔维修明确把自己看作拉罗什富科对卢梭"自爱"（amour-propre）概念进行反思的继续者。伏尔泰就认为，爱尔维修《论精神》一书中正确的东西，都是借自拉罗什富科和洛克。爱尔维修也明确指出他的理论与拉罗什富科《箴言集》的关联，不过也试图表明他们之间的区别。爱尔维修赞同拉罗什富科关于自爱在人类心理学中作用的洞见，同时他想将自己与自爱的道德和宗教含义分离开来：自爱是普遍的、自然的、道德中性的冲动。因此，爱尔维修把自利看作所有人类行为的原因。爱尔维修基于伊壁鸠鲁派的原则，将曼德维尔的悖论（私恶导致公共利益）看作不证自明的真理。与伊壁鸠鲁传统一致，爱尔维修从快乐和痛苦的感觉推出对人的行为的解释。爱尔维修体系的第一原则是苦乐，从这第一原则推出激情和利益，然后是社会、法律，最后是道德。

爱尔维修是一个明确的伊壁鸠鲁派（以《论精神》为标志），而不像拉罗什富科、培尔、曼德维尔那样故意在伊壁鸠鲁主义和奥古斯丁主义之间骑墙。爱尔维修把政治联合体看作活的组织。在政治上维持活组织的生命力，相当于人的激情。爱尔维修把人的心脏看作相互竞争的激情之间战争的舞台。战争可以达到均衡状态，从而人的心理也可以达到平衡状态。而如果一个激情可以驯服另一个激情，自利就可以驯服激情。孟德斯鸠把对抗的激情与对抗的权力理论作了概念的联系，可以将爱尔维修与孟德斯鸠作一对比。爱尔维修持一种社会体的有机论观点（社会有机体观）。对爱尔维修来说，对抗的激情只有在共和政体下才是健康的。爱尔维修关于正义与效用关系的观念也是伊壁鸠鲁主义的。政治学的第一原则是：正义基于效用。这一原则在爱尔维修那里到处都有体现。而且为了与伊壁鸠鲁派传统保持一致，爱尔维修将正义的发明置于人性起源的叙事之中。政治学的第二个原则是同意（这是伊壁鸠鲁的观念）。某个事物是正当的或合法的，必须满足两个必要条件，一是具有效用，二是必须得到一致同意。以上这些观念，霍布斯和洛克都已经讲过，而且爱尔维修反复承认他受益于洛克。

不过在福斯看来，理解爱尔维修政治理论最有用的参照框架是伊壁鸠鲁派传统。从这一视角出发，所有这些因素才能相容在一起：作为第一原则的自利、有机体论、民主共和主义、效用和同意。

6. 詹姆斯·哈里斯的《休谟的伊壁鸠鲁派》

詹姆斯·哈里斯（James A. Harris）试图澄清休谟与伊壁鸠鲁派传统的关系的性质。哈里斯认为，休谟拒绝关于动机的自私观，而强调激情和情感。尽管休谟将自己与伊壁鸠鲁主义的核心学说保持距离，但他却被同时代的哲学激烈批判者詹姆斯·贝尔福和里德指控为伊壁鸠鲁的追随者。

在1753年出版的《关于道德性质和义务的描述》中，贝尔福在休谟道德哲学的两个相关要素中识别出伊壁鸠鲁主义。首先，休谟在其道德义务中没有宗教的位置，这种做法根源于伊壁鸠鲁。其次，休谟试图将其道德义务论建基在自爱和直接的欢愉之上，这也根源于伊壁鸠鲁派。里德在《论人的行动能力》第5篇论文中说，休谟遵循伊壁鸠鲁，将所有的德行还原为有用的和令人愉快的；和伊壁鸠鲁一样，休谟在他的体系中没有为别于快乐的道德价值（比如西塞罗的诚实概念）留有位置，因为有用和快乐没有本质区别。哈里斯认为，休谟将诚实从其德性理论中排除出去，旨在最明确地表明他对斯多亚主义（不管是古代的斯多亚主义，还是其现代基督教化的伪装形式）的拒绝。对于里德来说，休谟哲学中的第二个伊壁鸠鲁派方面是休谟坚持这样一个准则：没有行动是德性的，或道德上好的，除非有产生这一行动的、有别于道德的动机。有别于贝尔福、里德等休谟的同时代人，斯密在其《道德情感论》第7部分的道德哲学史的分类中，并不把休谟归入伊壁鸠鲁派。休谟在《道德和政治论文集》（1742年）中，有一篇是关于伊壁鸠鲁派的论文。休谟强调，并非每一个快乐都通向幸福。概而言之，休谟对于伊壁鸠鲁传统的立场，总体来说不是负面和批判性的。伊壁鸠鲁主义强调社会和政治生活的人为性，强调效用对正义规范定义的重要性，这为休谟建构其道德哲学提供了思想资源。古代的伊壁鸠鲁主义和其现代倡导者都强调正义的效用性及相互同意是正义的起源。

哈里斯指出，尽管休谟关于正义的性质和起源的观点与伊壁鸠鲁传统直接有明显的亲缘关系，但要断言后者对前者有实际的影响，还要特别慎重。首先，休谟本人极力避免承认这种亲缘关系。而且两者的差别与类似一样大。对于休谟来说，是习俗而非契约，才是尊重正义法这一自然或自利义务的基础。其次，休谟对于哲学家在实践或公共事务中的作用不感兴趣。休谟的政治学明确假定，普通人并不比无赖好到哪里去，对人的统治只能诉诸其自私的嗜好。这种观点当然是庸俗的伊壁鸠鲁派，而非真正的伊壁鸠鲁派所支持的。

7. 内文·莱迪的《亚当·斯密对启蒙运动伊壁鸠鲁主义的批评》

内文·莱迪（Neven Leddy）的论文《亚当·斯密对启蒙运动伊壁鸠鲁主义的批评》首先提到，在1755年给《爱丁堡评论》的信中，斯密对《百科全书》第一卷所体现的法国启蒙运动中伊壁鸠鲁派方面作了批评。狄德罗在《百科全书》第五卷关于伊壁鸠鲁主义的文章，考察了后中世纪时期从伽桑狄开始的伊壁鸠鲁主义史，并追踪了从伽桑狄到他那个时代伊壁鸠鲁主义的不同社会语境。

狄德罗对伊壁鸠鲁主义的阐述，最初强调的是与享乐相关的自由意志的作用。对狄德罗来说，伊壁鸠鲁是唯一一个对人性作有效评定的古代哲学家。斯密与狄德罗在如何以最好的方式对奥古斯丁派人性模型发动攻击问题上发生了分歧（尽管他们在反奥古斯丁主义问题上是同路人），从而他们偏好不同的启蒙运动战略。狄德罗的自我认同是伊壁鸠鲁派，而斯密对《百科全书》伊壁鸠鲁主义的反对，所针对的恰恰就是这种浮夸的自我认同，因为在奥古斯丁派—伊壁鸠鲁派范式之中存在着张力。17世纪的人们之所以把奥古斯丁派与伊壁鸠鲁派这两个术语组合起来，这反映了当时人们试图将伊壁鸠鲁派的人性加在奥古斯丁派的堕落之人上面。伊壁鸠鲁实际上是被狄德罗的《百科全书》利用以服务于其无神论目的，而伏尔泰是把伊壁鸠鲁主义与无神论分离开来。不过伏尔泰和斯密一样，当伊壁鸠鲁派传统受到神学家亚伯拉罕·肖梅克斯的攻击时，他们都力图予以抢救。斯密写作《道德情感论》时对欧洲发展的兴趣，反映在他在该书中对伊壁鸠鲁主义的处理上。斯密在建构其体系时具有广泛的反奥古斯丁主义倾向，并对伊壁鸠鲁派和斯多亚派的原则作了工具性的利用。斯密将伊壁鸠鲁派特征化为使用审慎和效用概念，而他本人就使用了这两个概念，这从他的《道德情感论》中可以看出来。

在《道德情感论》中，斯密将礼仪、审慎、仁慈分别归于斯多亚派、伊壁鸠鲁派和折中派。在该书第7部分，斯密直接把审慎与伊壁鸠鲁派传统联系起来。这代表一种有节制的哲学，建基于快乐主义的计算和深谋远虑。斯密强调伊壁鸠鲁派审慎的社会政治效用，并解释说，我们劳动和自我牺牲的动机就是伊壁鸠鲁派所强调的。斯密批评伊壁鸠鲁派的片面性，即伊壁鸠鲁派把全部的道德还原为简单的计算。总之，斯密将伊壁鸠鲁派的审慎原则看作基于理性深谋远虑的效用计算。因此，伊壁鸠鲁派的审慎可以说是一种自我规训。

除了第7部分，《道德情感论》第1、4部分也论述了伊壁鸠鲁与审慎、效用的联系。在第1部分，斯密最初对快乐论的处理，力图使自己的体系远离肉体快乐论。但斯密的同情模型，却很靠近伊壁鸠鲁派的教导，即生活必需品很容易获得，难以获得的就不是真正的生活必需品。因此，人们不愿意同情那些过度的欢愉，从而也不大可能同情过度财富的获取。这样，斯密就把伊壁鸠鲁派而不是斯多亚派作为对占有欲和雄心的解毒剂。不过，斯密是把虚荣心而非强烈的邪欲作为社会贪欲的发动机，因此放弃了懒惰的伊壁鸠鲁派很容易获得生活必需品那样的理论框架。这是斯密变种的新伊壁鸠鲁主义，即人们追逐某些东西是因为这些东西能够给人们带来虚荣，而非为了这些东西本身，或者因为这些东西是生活必需品。

这一新伊壁鸠鲁派心理学在第 6 部分（这是 1790 年新版本增加的内容）得到了进一步完善。不仅如此，斯密还强调斯多亚派对这一悖论（德性与财富的竞争）没有提供解决办法。通过对比《道德情感论》1759 年版的第 1 部分与 1790 年版第 1 部分，以及 1759 年版的第 4 部分与 1790 年版第 6 部分，可以看出伊壁鸠鲁派的因素在斯密体系中的作用在提高。对大多数人来说，伊壁鸠鲁派的审慎在政治上和社会方面都是有用的，而斯多亚派的伦理学则在更高的政治、宫廷和军事生活的背景下起作用。不过，在 1790 年版中斯密将审慎区分为低级的审慎和高级的审慎，从而使审慎可以应用于高级政治中。在审慎、仁慈、自制这三种德性中，斯密将审慎归于伊壁鸠鲁派，将仁慈归于斯多亚派，将伊壁鸠鲁派和斯多亚派各自关于自制德性的可接受因素剥离出来，而将其他因素置于他的体系的次要位置。不过，斯密有意将自己与伊壁鸠鲁派和斯多亚派保持距离，强调这两派都有各自的局限性。就伊壁鸠鲁派传统来说，斯密在建构自己的体系时作了有选择的和创造性的借用。对宗教的态度问题上，斯密的学生大卫·厄斯金（David Erskine）指出，在许多方面斯密都是伊壁鸠鲁的朴素门徒；斯密能够容忍基督教道德但没有基督教的信念，他的原则是伊壁鸠鲁派的，但却保留了基督教的仪式。莱迪认为，厄斯金对斯密的上述特征化，恰恰反映了斯密本人对审慎的人在宗教事务上的特征化。

8. 阿维·利夫席茨的《伊壁鸠鲁派语言和文明史在启蒙运动中的复兴》

阿维·利夫席茨（Avi S. Lifschitz）指出，在语言起源问题上，伊壁鸠鲁的语言理论直接面对的是柏拉图的语言起源理论。柏拉图强调事物的名称最初来自神秘的英雄或英雄人物的命名，这些英雄是有智慧和技艺的人，他们给语言设定基本的规则和词汇。而亚里士多德却强调事物的名称来自约定俗成。

古代伊壁鸠鲁派发现这两者观点都有缺陷。在给希罗多德的信中，伊壁鸠鲁强调语言源自两个分叉的过程：首先是像动物一样表达感觉和印象，后来对用以区分不同对象的最初声音的有意识修正，以明确声音之所指涉，最终可以指示抽象的实体。最初的声音和手势因不同的部落或种族所处特定环境的不同而不同。随着时间的推移和社会的互动，人们就习惯用特定的声音来指示相应的对象。后来，约定俗成才开始在语言起源过程中发挥作用。显然，伊壁鸠鲁结合了柏拉图和亚里士多德的语言理论，既强调语言起源的自然方面，也强调语言起源的约定俗成方面。

卢克莱修《物性论》第五卷就论述了伊壁鸠鲁的语言起源理论。伊壁鸠鲁和卢克莱修给语言的自然起源理论添加了历史的视角。而语言演化是伊壁鸠鲁派关于人类历史理论的核心内容。按照这一理论，人类自然地出现于地球上，并靠自己发展出文明。这与《圣经》关于人是超自然产物的说法截然相反。作为超自然产物的人，掌握着反映事物本质的语言（完美语言）。普芬道夫和理查德·西蒙（Richard Simon）认为，关于语言起源的《圣经》解释与语言的自然起源理论并不矛盾。莱布尼茨拒绝语言起源上的自然与约定俗成的二分，而遵循伊壁鸠鲁的路线。曼德维尔在《蜜蜂的寓言》中甚至没有给他的伊壁鸠鲁派语言起源说法穿上《圣经》叙事的外衣。曼德维尔促进了伊壁鸠鲁派语言起源学说在 18 世纪英国和法国的宣传。

维科则以自己的方式试图调和关于文明起源的《圣经》解释和自然主义解释。维科坚持犹太历史的《圣经》解释与其他民族产生的伊壁鸠鲁解释的区分，强调只有希伯来语类似亚当的完美语言。而曼德维尔之后威廉·沃伯顿（William Warburton）的《被证实的摩西的神的使命》，可以说是一篇关于人类从野蛮到文明自然转变的启蒙论文。沃伯顿概述了语言和思想发展的自然史，包括从象形文字到语音字母的产生。后来关于从兽性到文化的伊壁鸠鲁派自然起源叙事，都诉诸维科和沃伯顿，但对伊壁鸠鲁派的史前史叙事也有保留和修正。于是，伊壁鸠鲁派的文明发展史被插入了大洪水和通天塔之后的创世纪叙事，从而融合了创世纪和伊壁鸠鲁。

维科和沃伯顿利用伊壁鸠鲁派的某些因素来重申《圣经》权威，也有相反的作者如孔狄亚克倡导自然主义和唯物主义体系，同时维护《圣经》年代学以小心地表明其正统立场。孔狄亚克强调大洪水是真实的（即伊壁鸠鲁派）历史的起点。卢梭也采取了同样的方法。孔狄亚克采取了伊壁鸠鲁派的自然与历史相结合的语言起源叙事。卢梭对语言起源的自然主义观点持严重怀疑的态度。卢梭利用了孔狄亚克自己的提问，即原始人如何从喊叫和手势到清晰发音转变，但拒绝了孔狄亚克的解决方案（随着时间的推移而逐渐演化）。卢梭在《论人类不平等的起源和基础》中试图引入漫长史前史作为避免语言起源自然与历史之间的悖论，但最终还是放弃了。因为仅仅以"人的纯粹工具"来自然主义地解释语言的起源，都会面临关键的挑战。于是，出现了天赋论对语言起源的超自然解释，比如苏斯米希（Johann Peter Sussmilch）的语言神授说，这一学说吸收了孔狄亚克和沃尔夫将语言与理性等同的观点，认为语言、理性和社会是同时超自然出现的。18 世纪末和 19世纪初，语言起源的天赋论大为流行，这体现在赫尔德的获奖论文《论语言的起源》中。弗格森的《文明社会史论》强调人一开始就是狡诈的，从而不是处于纯粹自然状态下，因此蕴含了语言起源的天赋论立场。

小 结

伊壁鸠鲁与近代启蒙传统关系密切。从某种意义上说，霍布斯对亚里士多德政治思想的批评，正是传承了伊壁鸠鲁传统。鉴于此，我们可以说，伊壁鸠鲁的思想在近代启蒙运动中重获新生，并且在启蒙思想家的著作中蛰伏了下来。

近年来，国内学者开始关注马克思与启蒙传统的关系问题。事实上，只有在厘清伊壁鸠鲁与近代启蒙思想之间的关系后，我们才能准确地把握马克思与伊壁鸠鲁、启蒙传统之间的关系。通过"伊壁鸠鲁"这一中介，我们能更好地理解马克思《博士论文》时期与近代启蒙传统之间的思想关系，理解马克思与政治哲学思想发展初期的启蒙背景。

三　试论马克思《莱茵报》时期的共和主义思想[*]

对于马克思早期政治哲学思想的发展，列宁有"从革命民主主义向共产主义转变"的教科书式说法。马克思最终转向共产主义是没有争论的[①]，问题是如何称谓马克思的前共产主义时期。"革命民主主义"是带有强烈雅各宾主义色彩的说法，最早出自普列汉诺夫，后为列宁所沿用。实际上，通常与"共产主义"相对的概念是"自由主义"。科尔纽在《马克思恩格斯传　1818—1844》中采取了折中主义的态度，"革命民主主义"的说法和"自由主义"的说法被他不加区分地运用。阿尔都塞把1842年之前的马克思思想看作"理性自由主义"。英国马克思学家塞耶斯专门撰文批评那种把马克思变成自由主义者的做法。[②] 但塞耶斯所批判的，是将共产主义者的马克思变成自由主义者。本书的观点是，马克思《莱茵报》时期的自由主义总体上属于自由主义的左翼，即自由共和主义。

（一）马克思《莱茵报》时期的早期从自由主义到共和主义的转变

恩格斯在 1843 年 10 月写作的《大陆上社会改革的进展》一文中

---

[*] 本章参见鲁克俭《试论马克思〈莱茵报〉时期的共和主义思想》，《现代哲学》2019 年第 1 期。

[①] 当然，马克思转向共产主义的时间节点尚有争议。列宁将转变的时间节点定位在《德法年鉴》两篇论文，但如果列宁在世时读到《黑格尔法哲学批判》，他一定会毫不犹豫地把转变的时间节点前移。

[②] ［英］肖恩·塞耶斯：《作为自由主义批判者的马克思》，张娜译，《哲学动态》2015 年第 3 期。

提到，"1842 年，青年黑格尔派成为公开的无神论者和共和主义者；这一派人的期刊《德国年鉴》比过去任何时候都更激进坦率了；我们创办了一种政治性报纸①"②。"即使情况不是这样，鼓动家们自己也要放弃共和主义的宣传，他们用于进一步发展自己的哲学结论，现在已经成为共产主义者了。"③ "就在今年，第一批拥护共产主义的人曾满意地看到，共和主义者正一个接一个地加入他们的行列。"④。恩格斯提到了赫斯、卢格、马克思、海尔维格。由于受列宁关于马克思从革命民主主义到共产主义"转变说"的影响，恩格斯的这一说法长期以来没有得到研究者的高度重视。这里，恩格斯透露两点重要信息。一是马克思最迟 1843 年 10 月已经转变为共产主义者。这一时间节点可以确定在马克思写作《黑格尔法哲学批判》时期（1843 年春夏两季）。二是包括马克思在内的青年黑格尔派 1842 年成了共和主义者。

对于青年黑格尔派来说，1842 年是一个特殊的年份。1842 年 3 月布鲁诺·鲍威尔被波恩大学解聘，是青年黑格尔派走向激进的关键事件。同一时期，随着普鲁士新国王伪自由主义专制面目的彻底暴露，卢格率先从宗教批判转向政治批判，青年黑格尔派逐渐放弃了黑格尔立宪君主制的改良主义幻想，走向共和主义。鲍威尔着力研究法国大革命，在鲍威尔的影响下，马克思 1843—1844 年一直有写作《国民公会史》的计划。

在《德意志意识形态》中，马克思和恩格斯第一次使用德文的"共和主义（Republikanismus）"一词⑤。在此之前，恩格斯两次使用过

---

① 即《莱茵报》。
② 《马克思恩格斯全集》第 3 卷，人民出版社 2002 年版，第 490 页。
③ 《马克思恩格斯全集》第 3 卷，人民出版社 2002 年版，第 491 页。
④ 《马克思恩格斯全集》第 3 卷，人民出版社 2002 年版，第 492 页。
⑤ 《马克思恩格斯全集》第 3 卷，人民出版社 1960 年版，第 193 页（不过 Republikanismus 被译成了"共和政体"）。

英文的"共和主义（republicanism）"①。恩格斯这两处使用英文的共和主义，都是在以英语发表的文章中出现的。因此，可以说在恩格斯那里英文的共和主义和德文的共和主义具有同等意义。

马克思和恩格斯都多次使用德文"共和主义者（Republikaner）"一词。马克思首次使用"共和主义者"一词，是在《莱茵报》上发表的《〈莱茵—摩泽尔日报〉是宗教法庭的大法官》一文中。马克思说："扎勒特是个共和主义者，如果你大肆宣扬他搞保皇主义，你算是他的朋友吗?"② 第二次是在1843年5月给卢格的信中。马克思明确提出，"自由的人就是共和主义者"③。恩格斯更是大量使用"共和主义者"一词，这里就不再一一列举。

马克思和恩格斯还广泛使用"共和国（Republik）"一词。马克思在《莱茵报》发表的《〈科隆日报〉第179号的社论》一文中写道："基督徒生活在制度各不相同的国家里：有的在共和政体的（in einer Republik）国家，有的在绝对君主制（in einer absoluten）④ 的国家，有的在立宪君主制（in einer konstitutionellen Monarchie）的国家。"⑤ 在《黑格尔法哲学批判》中，马克思把共和国（共和制）看作"特殊国家形式"。从马克思恩格斯使用共和主义者（或共和主义、共和国）的

---

① 参见《马克思恩格斯全集》第3卷，人民出版社2002年版，第491、591页。《马克思恩格斯全集》中文版中许多"共和主义"的说法，原文其实是"共和主义者（英文是republican，德文是Republikaner）"，并非"共和主义（英文是republicanism，德文是Republikanismus）"。

② 《马克思恩格斯全集》第1卷，人民出版社1995年版，第439页。

③ 《马克思恩格斯全集》第47卷，人民出版社2004年版，第57页。

④ die absolute Monarchie（英文是absolute monarchy）应该译为"绝对君主制"。《马克思恩格斯全集》中文版都将其译为"君主专制"。实际上，德文中专门有一个词"despotisch"意指"专制的"（其对应的英文词是despotic）。"绝对君主制"是"绝对主义国家"（Absolutist State），是起源于17—19世纪在欧洲出现的具有绝对权力的君主统治的国家形态，与民族国家（nation - state）的兴起密切相关。霍布斯是绝对国家主义理论的主要倡导者。马克思经常提到这种介于封建主义和资本主义的国家形态。佩里·安德森的《绝对主义国家的谱系》就是基于马克思的相关论述而讨论封建主义向资本主义的过渡。

⑤ Marx-Engels Gesamtausgabe. I/1, Text, Berlin：Dietz Verlag, 1975, ss. 187 – 188.

语境来看，马克思恩格斯所指的共和主义首先是与君主制（包括绝对君主制和立宪君主制）相对立的共和制度，其参照物是法国大革命后根据 1793 年雅各宾宪法建立的共和国。

在《大陆上社会改革的进展》中，恩格斯提到包括他和马克思在内的青年黑格尔派 1842 年转为共和主义者，恩格斯指的是他们从黑格尔的立宪主义转向雅各宾派的共和主义。表面上看，列宁与恩格斯并没有本质差别，因为他们都指向雅各宾派。但列宁强调的是雅各宾派的革命民主主义（激进民主主义），而恩格斯共和主义的说法则蕴含着有别于民主主义的公民共和主义的可能性，因为在政治立场上青年黑格尔派的立宪主义总体上属于自由主义。如果说公民共和主义在恩格斯那里还是一种可能性，这种可能性在《莱茵报》时期的马克思那里就成了事实上的存在，尽管马克思首先是一个自由主义者。

首先，马克思明确把《莱茵报》称为"自由主义报纸"："《莱茵报》也没有片面地反对官僚制度，相反，它承认它所发挥的作用：（1）反对毕洛夫－库梅洛夫；（2）反对浪漫主义思潮。相反，它是唯一既承认官僚制度的好的一面，也承认旧普鲁士立法的好的一面的自由主义报纸。"①

其次，马克思《博士论文》所隐含的政治哲学是典型的自由主义。已经有越来越多的研究者认识到，马克思《博士论文》的主旨并非纯粹的自然哲学，而是蕴含了政治哲学的问题意识。马克思在《博士论文》中呼应鲍威尔的自我意识哲学②，其出发点是宗教批判，但具有鲜明的政治意蕴。马克思强调原子偏斜的偶然性，也就是强调任性的自由，这是典型的消极自由（摆脱外在束缚），有别于黑格尔基于理性的

---

① 《马克思恩格斯全集》第 1 卷，人民出版社 1995 年版，第 429 页。

② 马克思《博士论文》中的自我意识哲学是唯物主义自我意识哲学，有别于鲍威尔的唯心主义自我意识哲学。参见鲁克俭《马克思〈博士论文〉与恩格斯〈谢林和启示〉之比较》，《北京行政学院学报》2010 年第 5 期。

积极自由。马克思强调"抽象的单一性",强调立足于原子式个体的"契约",这是一幅典型的市民社会画面,具有浓厚的霍布斯"自然状态"① 色彩,属于英国经验主义自由主义传统,也与马克思《博士论文》中的唯物主义自我意识哲学相一致。

最后,马克思在《莱茵报》时期②的早期发表的关于新闻出版自由的两篇政论文章(即《评普鲁士最近的书报检查令》③ 和《关于新闻出版自由和公布省等级会议辩论情况的辩论》④),鲜明体现了马克思的自由主义政治立场。按照 1789 年法国《人权宣言》,自由、安全、财产等是"自然的和不可剥夺的权利",而新闻出版自由是人权和政治自由的基本内容,如 1793 年宪法第 122 条就规定了"不受限制的新闻出版自由"⑤。通过比较马克思与黑格尔以及康德关于新闻出版自由的态度,能够清楚地看出马克思这两篇政论文章的自由主义立场。作为德国观念论传统的开创者,康德翻转了英国的经验主义自由传统,将自由引"外"入"内",最终诉诸人的"自由意志"。因此康德的自由主义(如果可以将其称为自由主义的话)首先是思想(理性)自由主义。康德的"法的形而上学原理",由人的"自由意志"推演出私有财产,把私有财产权看作人的先验(天赋)权利。但是,康德并没有从"自由意志"推演出包括言论自由、出版自由在内的政治自由。康德认为,只存在大学教师课堂上有限的言论自由(而且仅限于对哲学和科学的言论自由),不应该随意谈论宗教和政治。尽管黑格尔经常批评康德,

---

① 马克思在《关于伊壁鸠鲁哲学的笔记》中,确实提到了霍布斯关于"一切人反对一切人"的战争的说法。参见《马克思恩格斯全集》第 40 卷,人民出版社 1982 年版,第 123 页。

② 所谓《莱茵报》时期,是指马克思 1842 年政论文章写作时期,马克思这一时期的政论文章并非全都发表在《莱茵报》上。

③ 该文 1842 年 2 月在瑞士出版的《德国现代哲学和政论界轶文集》第 1 卷上发表。

④ 该文连续刊登在 1842 年 5 月 5、8、10、12、15 日和 19 日《莱茵报》第 125、128、130、132、135 号和第 139 号。

⑤ 马克思在《论犹太人问题》中引用了这一条。参见《马克思恩格斯全集》第 3 卷,人民出版社 2002 年版,第 186 页。

但在私有财产和言论自由方面，黑格尔与康德立场接近。反而是费希特受法国大革命影响，大力鼓吹言论自由。①

费希特1793年在"向欧洲各国君主索回他们迄今压制的思想自由"的演讲中疾呼："民众，一切的一切都可献出，**只有思想自由不能**。"② 费希特所谓思想自由还包括传播自由思想的自由："你们允许我们**思考**，因为你们无法阻止它；但你们禁止我们传播我们的想法；就是说，你们并没有夺去我们的自由思考这一不可出让的权利，你们只是占有了传播我们的自由思想的权利。""如果我们对于道德规律没有禁止的一切都有一种权利，谁能够指出道德规律有一条不许说出自己的信念的禁令？谁有权利禁止别人说出自己的信念，而将这些信念看成对他的财产的冒犯？"③ "我们的教育和教养的最丰富的源泉之一是精神与精神的相互沟通。从这个源泉汲取营养的权利我们不能放弃，除非放弃我们的精神，放弃我们的自由和人格"④ "我诚然可以**传播真理**，但不可传播**错误**。"⑤ 问题是谁有权规定"什么是我们应该作为真理接受的"⑥，费希特说，君主们"无权给我们的研究规定对象或设置界限"，"无权阻止我们公布研究的结果，不管这些结果是真的还是假的，不管我们想向**谁**公布或**怎样**公布。"⑦ 费希特还嘲讽专制主义对人的精神奴役，"没有什么地方比在坟墓里更安静了"⑧。

马克思在关于新闻出版自由的两篇政论文章中基本采用了费希特关于"思想传播自由"的证成思路。费希特的证成思路是这样的：首

---

① 在对私有财产的证成问题上，费希特和康德、黑格尔没有本质区别。
② 〔德〕费希特：《费希特著作选集》卷一，梁志学主编，商务印书馆1990年版，第141页。
③ 〔德〕费希特：《费希特著作选集》卷一，梁志学主编，商务印书馆1990年版，第149页。
④ 〔德〕费希特：《费希特著作选集》卷一，梁志学主编，商务印书馆1990年版，第151页。
⑤ 〔德〕费希特：《费希特著作选集》卷一，梁志学主编，商务印书馆1990年版，第152页。
⑥ 〔德〕费希特：《费希特著作选集》卷一，梁志学主编，商务印书馆1990年版，第157页。
⑦ 〔德〕费希特：《费希特著作选集》卷一，梁志学主编，商务印书馆1990年版，第164页。
⑧ 〔德〕费希特：《费希特著作选集》卷一，梁志学主编，商务印书馆1990年版，第161页。

先，思想自由（自由思考）既是人的本质又是人的自然权利；其次，自由的思考包括对真理的探讨，而对真理的探讨是没有界限的；最后，人既有权利吸收别人的真理，也有权利给予别人真理。这就是说，人有传播真理（自由思考的结果）的权利。马克思的证成思路是：首先，自由是人的本质；其次，思想自由与真理有关；最后，探讨和表达真理的风格是完全个性化的，不应由官方来规定。饶有兴趣的是，费希特和马克思都把自由与幸福联系起来。费希特说："我们在这个尘世的唯一幸福——如果这真是幸福——是自由的、不受阻碍的自主活动，是自力更生，辛勤劳动，努力追求自己的目标的活动。"① 马克思说："当你能够想你愿意想的东西，并且能够把你所想的东西说出来的时候，这是非常幸福的时候。"②

马克思与费希特的不同在于：首先，费希特主要是从其知识论出发推出思想自由，马克思主要是从理性出发推出思想自由；其次，费希特侧重的是思想的"传播"（这是一般的言论自由），马克思强调的是思想的"表现"（这是特殊的言论自由，即以报刊为媒介的言论自由，也就是新闻出版自由③）；最后，费希特笼统地说"思想自由"，而马克思则区分了"现实的自由"和"观念的自由"④。

当然，这两篇政论文章所体现的自由主义与《博士论文》所体现的自由主义也有所不同，主要表现在：这两篇政论文章中的自由主义

---

① ［德］费希特：《费希特著作选集》卷一，梁志学主编，商务印书馆1990年版，第164页。

② 《马克思恩格斯全集》第1卷，人民出版社1995年版，第134—135页。

③ 体现新闻出版自由的报刊就是"自由报刊"。马克思强调，"新闻出版就是人类自由的实现"。（《马克思恩格斯全集》第1卷，人民出版社1995年版，第166页）"没有一个人反对自由，如果有的话，最多也只是反对别人的自由。可见，各种自由向来就是存在的，不过有时表现为特殊的特权，有时表现为普遍的权利而已。""问题不在于新闻出版自由是否应当存在，因为新闻出版自由向来是存在的。问题在于新闻出版自由是个别人物的特权呢，还是人类精神的特权。问题在于一方面的有权是否应当成为另一方面的无权。问题在于'**精神的自由**'是否比'**反对精神的自由**'享有更多的权利。"（《马克思恩格斯全集》第1卷，人民出版社1995年版，第167页）

④ 《马克思恩格斯全集》第1卷，人民出版社1995年版，第134页。

是基于理性、类和普遍性的自由，是法治下的自由①；而《博士论文》中的自由，是基于原子式个体的任性自由②。换句话说，这两篇政论文章中的自由研究开始萌发向共和主义转变的因素。③

当我们说马克思《莱茵报》时期发生从自由主义向共和主义转变时，并非仅仅从表面上谈的。如果把共和主义与共和制度画等号，那么恩格斯的上述自我指认就已经足够了。当列宁把《莱茵报》时期的马克思指认为革命民主主义者时，列宁更多是基于马克思所秉持的理念，即为争取底层群众④的权利而进行政治斗争。我们指认马克思《莱茵报》时期发生了向共和主义的转变，与当下人们对共和主义内涵的新理解有关。

"共和主义"是西方政治思想的传统，只不过被近代自由主义的锋芒给遮蔽了。近几十年来在西方政治思想史研究中出现了共和主义的复兴。相对于古典共和主义，这波共和主义可称为新共和主义或公民共和主义。新共和主义的代表性研究学者包括剑桥学派的波考克、斯金纳，以及《共和主义》一书的作者佩迪特等。"共和主义（republicanism）"字面上讲与"共和国（republic）"密切相关，因而共和主义通常被追溯到古典古代，特别是希腊城邦（如波考克的"新雅典传统"）。不过斯金纳强调古代共和主义的源头是罗马人（所谓"新罗马传统"）。政治思想史学者对共和主义的理解差异很大。有的学者强调共和主义的"自由国家"方面（如斯金纳）。按照斯金纳的说法，共和主义被用以捍卫城市共和国的传统自由，以对抗绝对主义。有的学者

---

① 马克思认为，"法律只是在自由的无意识的自然规律变成有意识的国家法律时，才成为**真正的法律**。哪里法律成为实际的法律，即成为自由的存在，哪里法律就成为人的实际的自由存在"；"法典就是人民自由的圣经"（《马克思恩格斯全集》第 1 卷，人民出版社 1995 年版，第 176 页）。

② 马克思在《关于新闻出版自由和公布省等级会议辩论情况的辩论》中明确批评了"任性的偶然性"（《马克思恩格斯全集》第 1 卷，人民出版社 1995 年版，第 177 页）。

③ 再举一例：马克思在《关于新闻出版自由和公布省等级会议辩论情况的辩论》中说，自由"不仅包括我做自由的事，而且也包括我自由地做这些事"。《马克思恩格斯全集》第 1 卷，人民出版社 1995 年版，第 181 页。

④ 包括农民（小资产者，如捡拾枯树的农民和葡萄种植者）。

追溯到亚里士多德，强调共和主义的"公民德性"（如波考克）。还有学者强调共和主义的"非支配的自由"即"第三种自由"（如佩迪特）。当然，贡斯当对"古代自由"与"现代自由"的二分，是思想史学者挖掘被近代自由主义遮蔽的共和主义思潮的背景性前提。

波考克在考察公民共和主义时提到了马克思，不过他是把马克思看作自由主义者。现在有西方学者开始把马克思看作共和主义者。较早主张这种观点的是艾萨克，他在《政治的狮皮：马克思论共和主义》中明确提出并论证了这一观点。① 后来布雷克曼在《废黜自我：马克思、青年黑格尔派及激进社会理论的起源》②、莫格奇在《布鲁诺·鲍威尔的哲学和政治学》③、利奥波德在《青年马克思——德国哲学、当代政治与人类繁荣》④ 中也先后把马克思看作共和主义者。

马克思在科学共产主义阶段之前有一个哲学共产主义阶段，而在哲学共产主义之前还有一个共和主义阶段。可以说，《莱茵报》时期两篇政论文章之后的马克思既是一个制度共和主义者，也是一个公民共和主义者。实际上，从马克思的相关文本来看，马克思似乎没有像恩格斯那样仅仅从制度角度来理解和使用"共和国"及"共和主义者"。⑤

---

① 参见 Jeffrey C. Isaac, The Lion's Skin of Politics: Marx on Republicanism, *Journal of Polity*, Vol. 22, No. 3（Spring, 1990）, pp. 461－488（28 pages），中译文参见［美］杰弗里·C. 艾萨克《政治的狮皮：马克思论共和主义》，彭斌、于天洋译，《国外理论动态》2017 年第 1 期。

② 参见［美］沃伦·布雷克曼《废黜自我：马克思、青年黑格尔派及激进社会理论的起源》，李佃来译，北京师范大学出版社 2013 年版。

③ 参见 Moggach Douglas, *The Philosophy and Politics of Bruno Bauer*, Cambridge: Cambridge University Press, 2003。

④ 参见［英］大卫·利奥波德《青年马克思——德国哲学、当代政治与人类繁荣》，刘同舫、万小磊译，中山大学出版社 2017 年版。

⑤ 恩格斯晚年（1893 年 7 月 14 日）致弗·梅林的信中仍然将卢梭的共和主义与立宪主义相对。"如果说，路德和加尔文'克服'了官方的天主教，黑格尔'克服'了费希特和康德，卢梭以其共和主义的'社会契约论'间接地'克服'了立宪主义者孟德斯鸠，那末，这仍是神学、哲学、政治内部的一个过程，它表现为这些思维领域发展的一个阶段而且完全不越出思维的范围。"参见《马克思恩格斯全集》第 39 卷，人民出版社 1974 年版，第 95 页。

马克思在 1842 年 3 月 5 日致卢格的信中写道："我为《德国年鉴》写的另一篇文章是在内部的国家制度问题上对黑格尔自然法的批判。这篇文章的主要内容是同**立宪君主制**这个彻头彻尾自相矛盾和自我毁灭的混合物作斗争。Respublica 一词根本无法译成德文。"[①] Res publica 是西塞罗第一次用拉丁文来翻译希腊文 politeia，而且根据西塞罗的解释，Res publica 意思是"人民的事业（事务）"[②]。实际上，英文中通常以"commonwealth"来翻译 Res publica，比如霍布斯、洛克。[③]"publica"的含义就是"公共的"[④]。马克思在 1837 年给父亲的信中谈及自己构建法学体系的计划时，就用了拉丁文"jus publicum（公法）"。马克思之所以说 Res publica 无法译成德文，可能是因为他觉得德文的"Freistaat"一词不能与西塞罗所说的"Res publica"对应。而德文的"Republik"实际上是一个外来词，即中古法语 republique（来自

---

① 《马克思恩格斯全集》第 47 卷，人民出版社 2004 年版，第 23 页。

② 根据维基辞典，拉丁文 publicus（形容词中性，其阴性是 publica，阳性是 publicum）源自 populicus，而 populicus 源自 populus（意即"人民"）。

③ 参见万健琳《共和主义的公民身份理论：一种观念史的考察》，中国社会科学出版社 2011 年版，第 16—17 页。

④ 马克思多次提到古罗马的"公地（ager publicus）"，比如在《德意志意识形态》中写道："**罗马**的私有财产（这个字源学的花招只在这里适用）和国家财产处于最直接的矛盾中。不错，国家给了平民以私有财产，但同时并未掠夺'其他'人的私有财产，而是掠夺了这些平民本身的国家财产（ager publicus）和他们的政治权利，因此正是**这些平民**，而不是圣桑乔所梦想的那些荒诞的'国家的其他成员'叫作 privati［被掠夺的人］"（《马克思恩格斯全集》第 3 卷，人民出版社 1960 年版，第 414 页）；在致恩格斯（1868 年 3 月 25 日）的信中说："塔西佗的一句人所共知的话：《arva per annos mutant，et superest ager》，意思是：他们更换（通过抽签，后来所有野蛮人法典中的 sortes［抽签］一词就是由此而来的）田地（arva），而仍然保留公有地（ager 同 arva 相反，是 ager-publicus［公有地］），格林等人却译成：他们每年耕种生地，但仍有（荒）地存在！"（《马克思恩格斯全集》第 32 卷，人民出版社 1974 年版，第 52 页）在《大纲》中写道："个人看待其他个人也是这样，并且，根据这个前提是从共同体出发，还是从组成公社的各个家庭出发，个人或是把其他个人当作财产共有者即公共财产的体现者，或是把其他个人看作同自己并存的独立的所有者即独立的私有者，而在这些独立的私有者之外，原来囊括一切和包罗所有人的公共财产本身，则作为特殊的**公有地**（ager publicus）与这些为数众多的土地私有者并存。"（《马克思恩格斯全集》第 30 卷，人民出版社 1995 年版，第 465 页）

拉丁语 Res publica[①]，Re publica 是 Res publica 的夺格形式）。显然，马克思这里是从"公共性"意义上来理解"共和国"的。需要注意的是，马克思写这封信时，正是写那两篇关于新闻出版自由的政论文章时期。他写这封信时对共和国（Freistaat）的理解，首先是国家制度而非公共性，但显然已经蕴含了"公共性"的新维度。

马克思还将共和国与自由联系起来。在中学作文《奥古斯都的元首政治应不应当算是罗马国家较幸福的时代?》中，马克思写道："当人们变得柔弱，纯朴风尚消失，而国家的疆土日益扩大的时候，独裁者倒可能比自由的共和政体更好地保障人民的自由。"[②] 在《论犹太人问题》中，马克思将共和国与自由国家[③]（其对立面是绝对君主制）一语双关地联系起来。马克思说："即使人还不是**自由人**，国家也可以成为**自由国家**。"[④] 马克思的这一用法，与斯金纳关于马基雅维利的共和主义被用以捍卫城市共和国的传统自由，以对抗绝对主义的说法是一致的。

马克思将《莱茵报》称为"自由主义报纸"。但马克思对莱茵省现实中的自由主义有诸多不满和批判。马克思曾经对各种自由主义反对派作过批判。在《莱茵报》早期，马克思批判了自由主义的不彻底性。这相当于我们现在经常讲的德国资产阶级的软弱性。在《关于新闻出版自由和公布省等级会议辩论情况的辩论》中，马克思批评了作为新闻出版自由辩护人的自由主义反对派将自由囿于精神领域。在自由主义反对派看来，"新闻出版自由是头脑的事情，根本用不着心脏去过问"。对他们说来，"新闻出版自由是'异国的'植物，他们只是把它作为'业余爱好'来同它打交道的"[⑤]；自由主义反对派试图"说服人

---

① 参见易建平《从词源角度看"文明"与"国家"》，《历史研究》2010 年第 6 期。
② 《马克思恩格斯全集》第 1 卷，人民出版社 1995 年版，第 464 页。
③ 德文的"自由国家（Freistaat）"也有共和国的意思。
④ 《马克思恩格斯全集》第 3 卷，人民出版社 2002 年版，第 170 页。
⑤ 《马克思恩格斯全集》第 1 卷，人民出版社 1995 年版，第 145 页。

们相信意志自由是人的天性"，这表明"自由主义的立场已变成什么样子，自由在人的身上体现到怎样的程度"。① 马克思将这种自由主义称为"生来软弱无力的不彻底的自由主义"。马克思还批判了"**虚伪自由主义**"②，以及"要求在省议会中有智力的代表的自由主义"③、"通常的自由主义"④、"慎重的自由主义"⑤、"从前的自由主义"⑥。马克思认为"真正的自由主义"，"应该争取实现一种同更深刻、更完善和更**自由的人民意识相适应的崭新的国家形式**"。⑦ 这样，马克思就把自由主义与制度共和主义联系起来了。而不彻底的或假自由主义，是可以与君主制（至少是立宪君主制）相容的。

不但如此，马克思在关于新闻出版的两篇政论文章之后的政论文章中，公民共和主义因素逐渐增强。实际上，体现为理性、类、普遍性的自由就已经开始向公共性靠拢了。而对私人利益的否定，则是马克思走向公民共和主义的关键一环。

在《关于新闻出版自由和公布省等级会议辩论情况的辩论》中，马克思对待私人利益的态度就开始变化："有一种心理学专门用细小的理由来解释大事情。它正确地猜测到了人们为之奋斗的一切，都同他们的利益有关，但是它由此得出了不正确的结论：只有'细小的'利

---

① 《马克思恩格斯全集》第 1 卷，人民出版社 1995 年版，第 146 页。

② "**虚伪自由主义**的手法通常总是这样的：在被迫让步时，它就牺牲人这个工具，而保全事物本身，即制度"（《马克思恩格斯全集》第 1 卷，人民出版社 1995 年版，第 109 页）；"把学术才能同地位扯在一起"（《马克思恩格斯全集》第 1 卷，人民出版社 1995 年版，第 129 页）。

③ "智力不仅不是代表制的**特殊要素**，而且根本不是一个**要素**；智力是一个不能参加任何由各种要素**组成**的机构的**原则**，它只能从自身进行**划分**。不能把智力作为一个不可缺少的部分，只能把它作为一个起组织作用的灵魂来谈论。"《马克思恩格斯全集》第 1 卷，人民出版社 1995 年版，第 343 页。

④ 马克思"认为一切美好的东西都在等级会议这边，而一切丑恶的东西都在政府那边"。《马克思恩格斯全集》第 1 卷，人民出版社 1995 年版，第 429 页。

⑤ 《马克思恩格斯全集》第 1 卷，人民出版社 1995 年版，第 115 页。

⑥ "只知道维多克的'不是囚犯就是狱吏'这个二难推论的不久前的自由主义者。"《马克思恩格斯全集》第 1 卷，人民出版社 1995 年版，第 228 页。

⑦ 《马克思恩格斯全集》第 1 卷，人民出版社 1995 年版，第 306 页。

益，只有不变的利己的利益。"① 在《关于林木盗窃法的辩论》一文中，马克思写道："私人利益的空虚的灵魂从来没有被国家观念所照亮和熏染，它的这种非分要求对于国家来说是一个严重而切实的考验。如果国家哪怕在一个方面降低到这种水平，即按私有财产的方式而不是按自己本身的方式来行动，那么由此直接可以得出结论说，国家应该适应私有财产的狭隘范围来选择自己的手段。私人利益非常狡猾，它会得出进一步的结论，把自己最狭隘和最空虚的形态宣布为国家活动的范围和准则。""私人利益希望并且正在把国家贬为私人利益的手段……任何现代国家，无论它怎样不符合自己的概念，一旦遇到有人想实际运用这种立法权利，都会被迫大声疾呼：你的道路不是我的道路，你的思想不是我的思想！"② 当马克思在《评部颁指令的指控》中辩解说，《莱茵报》所主张的自由主义"在批评莱茵省等级会议时针对各等级的私人利己主义，强调政府的普遍的英明"③ 时，这种自由主义④显然就是当下人们所理解的共和主义。

强调公共性，批判利己主义，是公民共和主义的两个主要特征。此外，共和主义还强调国家促进人的自由的积极作用，这有别于英国自由主义的"守夜人"国家定位。按照马克思在《〈科隆日报〉第179号的社论》一文中的说法，国家是"理性自由的实现"，"不是理性自由的实现的国家就是坏的国家"，"应该根据自由理性来构想国家"⑤；现代国家的目的是"使有道德的个人自由地联合起来"，"实现自由"⑥；国家是"相互教育的自由人的联合体"，"国家的真正的

---

① 《马克思恩格斯全集》第 1 卷，人民出版社 1995 年版，第 187 页。

② 《马克思恩格斯全集》第 1 卷，人民出版社 1995 年版，第 261—262 页。

③ 《马克思恩格斯全集》第 1 卷，人民出版社 1995 年版，第 429 页。

④ 马克思说《莱茵报》"强调政府的普遍的英明"，实际上是一种自我辩护的策略性语言，显得言不由衷，但批评"各等级的私人利己主义"，却是《莱茵报》自由主义的真实立场。

⑤ 《马克思恩格斯全集》第 1 卷，人民出版社 1995 年版，第 226 页。

⑥ 《马克思恩格斯全集》第 1 卷，人民出版社 1995 年版，第 215 页。

'公共教育'就在于国家的合乎理性的公共的存在。国家本身教育自己成员的办法是：使他们成为国家的成员；把个人的目的变成普遍的目的，把粗野的本能变成合乎道德的意向，把天然的独立性变成精神的自由；使个人以整体的生活为乐事，整体则以个人的信念为乐事"。① 总之，个体要服从理性（人的理性，即社会的而非个人的理性），从而服从整体，服从国家："从前的研究国家法的哲学家是根据本能，例如功名心、善交际，或者虽然是根据理性，但并不是社会的而是个人的理性来构想国家的。现代哲学持有更加理想和更加深刻的观点，它是根据整体观念来构想国家的。它认为国家是一个庞大的机构，在这里，必须实现法律的、伦理的、政治的自由，同时，个别公民服从国家的法律也就是服从他自己的理性即人类理性的自然规律。"②

（二）马克思《莱茵报》时期从自由主义转向共和主义的内在理路

当马克思强调出版自由时，马克思是在捍卫个人的思想自由和政治自由。但更进一步，当遇到财产自由问题时，马克思发现财产自由不但没有体现出黑格尔所强调的"自由的最初定在"，而且体现着利己主义。在对待私有财产的态度上，马克思与康德、费希特和黑格尔分道扬镳了。这就是马克思后来在1859年《政治经济学批判》序言中所说的"遇到要对所谓物质利益发表意见的难事"。需要注意的是，马克思所用"难事"一词的德文原文是"Verlegenheit"，意即"窘境"③。

---

① 《马克思恩格斯全集》第1卷，人民出版社1995年版，第217页。

② 《马克思恩格斯全集》第1卷，人民出版社1995年版，第228页。

③ "Verlegenheit"是在介词短语"in die Verlegenheit"中，其英文译文是"in the embarrassing position"，意即"在窘境中"。按照德文原文，"遇到要对所谓物质利益发表意见的难事"意思是"来到要对所谓物质利益发表意见的窘境之中"。

　　所谓窘境，就是自由主义与共和主义的内在紧张。按照我们的理解，西方近代政治思想有两个传统，一是马基雅维利开创的共和主义传统，二是稍后由霍布斯开创的自由主义传统。施特劳斯的现代性研究早期突出霍布斯，后来则转向了马基雅维利。其实，这是两个差异很大的传统。如果说自由主义强调个体自由，共和主义则强调公共自由（共同体自由）。如果说自由主义与古代传统有某种断裂（比如霍布斯就经常忍不住以亚里士多德为批评对象），共和主义则带有文艺复兴人文主义的印记（公民共和主义通常被称为公民人文主义）。自由主义传统很大程度上是英国传统，而共和主义则是欧洲大陆的传统。当贡斯当区分古代自由与现代自由时，英国自由主义以及与其相伴的社会契约论已经成为主导性政治思想话语。比如卢梭尽管属于欧洲大陆的共和主义传统，他的社会契约论也是以个体自由作为理论建构的逻辑起点。但是，卢梭的自由主义与英国的自由主义有很大不同。这也是卢梭在当时的法国启蒙思想家中显得另类的重要原因。

　　需要注意的是，与法国启蒙运动相伴生的是苏格兰启蒙运动。苏格兰启蒙运动长期被英格兰契约论传统遮蔽，不被思想史研究重视，后来因为哈耶克的努力才引起思想史研究者的关注。但哈耶克的问题意识是强调苏格兰启蒙思想的"自生自发的秩序"思想，以对抗法国启蒙思想中的"理性建构主义"。哈耶克所谓"理性建构主义"主要针对的是卢梭。卢梭的社会契约论无疑具有理性建构主义倾向，但英国的经验主义契约论传统（从霍布斯到洛克）就完全对理性建构主义免疫了吗？事情可能没有这么简单。难道霍布斯的"利维坦"不是一种理性建构的产物吗？其实，英国经验主义并不是不强调理性，只是经验主义的理性有别于欧洲大陆的先验理性。在我们看来，仅仅强调"自生自发的秩序"并不能把苏格兰启蒙学派与英格兰契约论传统区别开来。关键是对待私有财产的态度。

　　卢梭确实是太超前了。在法国需要大力强调私有财产自由的时代，卢梭就开始警惕文明的负面效应，忧心私有财产的异化现象。这正如老庄所谓"有机械者必有机事，有机事者必有机心"，带有强烈的复古主义色彩。①

卢梭通常被看作民主主义者。卢梭的民主主义的主要含义是平等。当然，卢梭的平等并非结果平等，而首先是"自由的平等"②。比如平等的政治自由，平等的财产权。卢梭关于平等的财产权主要体现的是个人在财产自由方面的平等，即每个人都有占有财产的自由。但卢梭也反对私有财产数量的悬殊。这一点体现了他早期著作《论人类不平等的起源和基础》中关于私有财产的态度。③ 因此，卢梭的民主主义既有自由主义的因素，也有共和主义的成分。需要指出的是，马克思和恩格斯在 19 世纪 40 年代使用"民主主义"一词时，很难说是直接取自卢梭。④ 他们更多是在英国宪章运动语境下使用这一词语。比如恩格斯在 1845 年《英国工人阶级状况》中就说："英国的宪章主义者在政治上是共和主义者，虽然他们从来不用或极少用这个字眼；他们同情各国的共和党，但更喜欢称自己为民主主义者。他们并不仅仅是普通的共和主义者；他们的民主主义也不仅仅限于政治方面。"⑤

卢梭在《论人类不平等的起源和基础》中对私有财产的态度，马上受到苏格兰启蒙思想家弗格森的批评。甚至可以说，弗格森的《文明社会史论》就是直接针对卢梭的。作为弗格森的学生，斯密进一步发展了基于私有财产的商业社会理论。斯密的"看不见的手"理论和"利己人"假定，预示着后来边沁"合理利己主义"的道德学说。到了边沁这里，苏格兰启蒙思想家与卢梭对待私有财产和利己主义的态度

---

① 卢梭的社会理想就是古希腊的斯巴达城邦。

② 马克思在《论犹太人问题》中使用了这种关于资产阶级平等的说法。

③ 应该说卢梭在《社会契约论》中相对缓和了对私有财产的批评态度。

④ 德拉－沃尔佩显然认为马克思深受卢梭民主主义（特别是平等主义）的影响。参见［意］加尔维诺·德拉－沃尔佩《卢梭和马克思》，赵培杰译，重庆出版社 1993 年版。

⑤ 《马克思恩格斯全集》第 2 卷，人民出版社 1957 年版，第 517 页。

已经泾渭分明，自由主义与共和主义的分野已经彰显，卢梭共和主义的理路就越发清晰起来。显然，马克思对这一思想史语境是心知肚明的。卢梭对于马克思的影响，主要体现在共和主义而非民主主义方面。

马克思对物质利益发表意见的窘境，鲜明地体现在《关于林木盗窃法的辩论》（1842 年）一文中。这是马克思关于第六届莱茵省议会的辩论系列论文的第三篇（第二篇论文没有在《莱茵报》发表，也没有流传下来）。对照第一篇论文《关于新闻出版自由和公布省等级会议辩论情况的辩论》和第三篇论文《关于林木盗窃法的辩论》，马克思的思想在多个方面发生了微妙变化。首先是对待私有财产和私人利益的态度，此点前文已有论述。其次是对偶然性的态度。马克思为了批评立法者对待私有财产的知性（非辩证性）态度，不惜诉诸穷人的习惯法①，强调与普遍性和理性相对的偶然性的地位，以及偶然性向法律合理性的转化。

马克思对物质利益发表意见的窘境，根源于私有财产与利己主义的内在关联。从霍布斯到洛克，自然权利都包括财产权。但洛克和霍布斯回避了私有财产与利己主义的内在关联。斯密的"看不见的手"打消了人们对利己主义的道德疑虑，从而自由主义与边沁的合理的利己主义可以相容了。康德和黑格尔则是另一种进路。康德是将"德"与"福"分开，黑格尔则将私有财产看作抽象权利，看作人的自我实现的中介。康德和黑格尔一定程度上缓解了私有财产与利己主义的内在冲突。将私有财产看作人的自我实现的中介，这是马克思《1844 年经济学哲学手稿》所采用（从黑格尔那里借用）的进路。在《莱茵报》时期，马克思尚未形成这种认识，尚处于青年黑格尔派大氛围的影响之下。根据布雷克曼以思想史研究语境方法在《废黜自我：马克

---

① 马克思在《关于林木盗窃法的辩论》中既维护穷人的习惯法，也提到了特权者（中世纪贵族）的习惯法。对于后者，马克思是明确反对的。因此不能认为马克思诉诸穷人的习惯法就是站到他不久前刚刚批判的"法的历史学派"的立场上去了。

思、青年黑格尔派及激进社会理论的起源》一书中对青年黑格尔派激进社会理论的考察，在德国 19 世纪上半叶的语境中，新教的"自我"（人格）概念意味着私有财产，也就意味着利己主义。德国思想界围绕"自我"（人格）概念的抽象争论，具有很强的政治意蕴。随着德国反利己主义氛围的增强，青年黑格尔派变得越来越激进，"废黜自我"成为青年黑格尔派的共识，"共和主义"也成为青年黑格尔派的必然结论。在这种思想氛围的裹挟之下，马克思本能地拒斥利己主义也就不令人奇怪了。当然，这种对利己主义的拒斥与马克思本来的自由主义世界观是有冲突的。马克思的窘境由此而来。而窘境带来的是马克思思想向共和主义倾斜并最终转变。

实际上，私有财产、物质利益、利己主义是三个密切相关但又有所不同的概念。恩格斯对于"利益"问题认识的发展很有代表性。1842 年年底，恩格斯刚到英国之后所写的文章①中，先是嘲笑英国人从物质利益出发，并以德国人从原则出发而自豪。但随着对英国社会认识的深入，恩格斯转而肯定英国而否定德国。同一时期，也就是马克思也是先从原则出发，随后出现了"对所谓物质利益发表意见的窘境"。否定个人利益和利己主义，就会走向"自我牺牲"。这倒与马克思中学毕业作文《青年在职业选择时的考虑》所体现的精神气质非常吻合。当施蒂纳以《唯一者及其所有物》中的真正的利己主义（自我一致的利己主义）批判赫斯等人信奉"自我牺牲"时，赫斯反驳说，共产主义者已经超越了自我牺牲与利己主义的对立。赫斯这种对共产主义道德的言说，从另一个角度很好地说明了共产主义与共和主义的区别。当然，赫斯这里所说的共产主义已经是科学共产主义。② "哲学

---

① 恩格斯大概于 1842 年 11 月 29—30 日写的《国内危机》一文（载于《莱茵报》12 月 9、10 日）。参见《马克思恩格斯全集》第 3 卷，人民出版社 2002 年版，第 407 页。

② 实际上，赫斯早于马克思和恩格斯有了"科学共产主义"的提法，而更早使用"科学共产主义"概念的是魏特林。

共产主义"时期的赫斯（以及马克思和恩格斯）仍然是反利己主义的。在面对自由主义时，哲学共产主义与共和主义是同路人。马克思是首先通过共和主义这一桥梁走向共产主义的。而随后哲学共产主义与共和主义分道扬镳，主要是因为国家问题。

公民共和主义要以制度共和主义为保证，因此共和主义的共和国不同于自由主义的共和国（如洛克社会契约论的共和国），它不是消极国家（守夜人国家），而是积极国家（体现理性、自由和普遍性的全能国家）。因此，共和主义必然出现对国家的迷信和崇拜。这种迷信和崇拜在当今西方资本主义福利国家得到最好的体现。

黑格尔主张立宪君主制，但从公民共和主义角度看，黑格尔是一个典型的共和主义者。黑格尔的政治理想是古代城邦。黑格尔对市民社会一方面不信任，另一方面又认为必不可少。黑格尔试图以理性国家克服市民社会的消极方面，从而保持市民社会的积极因素。因此改良主义的黑格尔是最大的国家崇拜者。

《莱茵报》时期的马克思无疑是国家崇拜者。但是，到了《黑格尔法哲学批判》时期，马克思开始把矛头转向这种国家迷信和国家崇拜。马克思在《黑格尔法哲学批判》中开始批判"共和制"，把"共和制"看作"民主制的抽象国家形式"，是政治国家的最后形式。而在马克思设想的"真正的民主制"中，政治国家（政府）已经消亡，国家如果存在，也已经变成了非政治国家（现实的物质国家，也就是"人的社会"），因此特殊性与普遍性重新实现了统一。这是马克思哲学共产主义的初步表达。①

对于马克思《黑格尔法哲学批判》时期思想转向（转向哲学共产主义）的内在理路，这里不作深入探讨，这里只需强调一点：马克思

---

① 马克思直到《德意志意识形态》创立唯物史观，才达到科学共产主义。在此之前的共产主义（包括《1844年经济学哲学手稿》、《神圣家族》甚至《关于费尔巴哈的提纲》），都属于哲学共产主义阶段（至少具有哲学共产主义因素）。

思想发展的共和主义时期实际上很短暂，也就是《莱茵报》时期不到一年的时间。有国外学者（包括受其影响的国内学者①）把《黑格尔法哲学批判》时期和《德法年鉴》时期的马克思也看作共和主义者，是不能成立的。

马克思在《论犹太人问题》中对自由主义和共和主义进行了双重批判。马克思批判自由主义的个人自由"把他人看作自己自由的限制"，而主张"把他人看作自己自由的**实现**"的积极自由。② 但这种积极自由的实现不是靠国家（共和国）。因为共和国（政治共同体）在理论上只是"维护这些所谓人权的一种**手段**"，"而这种手段的目的是市民社会生活"。③ 自由主义主张"不受限制的新闻出版自由"，共和主义却不承认有不受限制的新闻出版自由，因为"新闻出版自由危及公共自由，是不许可的"。④ 但是，共和主义与自由主义的这种对立只是表面现象。如果说英国自由主义直截了当地把国家看作手段（守夜人），那么法国大革命的共和主义只是在实践上显得国家是目的本身，而这种把国家看作目的本身只是一种例外。但是，"实践只是例外，理论才是通则"⑤。

马克思还说，"自由这一人权的实际应用就是**私有财产**这一人权"⑥，"这一权利是自私自利的权利"⑦，于是私有财产与利己主义之间就被建立了强联系，从而私有财产就被马克思彻底否定⑧。但是，马克思此时对自私自利和私有财产的否定已经是基于共产主义而非共和

---

① 比如邹诗鹏关于马克思的激进主义在《德法年鉴》停留的观点，以及王代月、朱学平的相关论文。

② 《马克思恩格斯全集》第3卷，人民出版社2002年版，第184页。

③ 《马克思恩格斯全集》第3卷，人民出版社2002年版，第185页。

④ 《马克思恩格斯全集》第3卷，人民出版社2002年版，第186页。

⑤ 《马克思恩格斯全集》第3卷，人民出版社2002年版，第186页。

⑥ 《马克思恩格斯全集》第3卷，人民出版社2002年版，第183页。

⑦ 《马克思恩格斯全集》第3卷，人民出版社2002年版，第184页。

⑧ 这实际上是一种道德批判，或者是基于绝对命令的应然要求。

主义立场。一个可作对比的例子是，共和主义者鲍威尔尽管反对利己主义和市民社会，但他并没有完全否定私有财产。当然，鲍威尔把人的德性完善（人的解放）寄托于共和国理想的公民政治生活（类似于古代城邦）。施蒂纳是一个无政府主义者，并且是完全倒向市民社会和利己主义的"唯一者"①。施蒂纳退回到了英国的自由主义，尤其是边沁的自由主义。

饶有兴趣的是，马克思在《神圣家族》中再次批判了雅各宾派的共和主义，这可以说是马克思对共和主义的彻底清算。马克思写道："在**圣茹斯特**的另一个报告（关于**普遍警察制**的报告）中，**共和主义者**被描写成完全具备了**古代精神即刚毅、谦逊、朴质**等品质的人。""罗伯斯比尔和圣茹斯特十分明确地谈到**古代的、'人民本质'**所独有的'自由、正义、美德'。""罗伯斯比尔明确地把**雅典人**和**斯巴达人**称做'自由人民'。"②"**圣茹斯特用一句话**表明了他所要求的'**自由、正义、美德**'的特征，他说：'革命者都应当成为**罗马人**。'""罗伯斯比尔、圣茹斯特和他们的党之所以灭亡，是因为他们混淆了以**真正的奴隶制**为基础的古代**实在论民主共和国**和以**被解放了的奴隶制**即**资产阶级社会**为基础的**现代唯灵论民主代议制国家**。一方面，不得不以**人权的形式**承认和批准现代资产阶级社会，即工业的、笼罩着普遍竞争的、以自由追求私人利益为目的的、无政府的、塞满了自我异化的自然的和精神的个性的社会，另一方面又想在事后通过单个的人来取缔这个社会的各种**生命表现**，同时还想仿照**古代的**形式来建立这个社会的**政治首脑**，这是多么巨大的错误！这种错误是悲剧性的，圣茹斯特在临刑之日指着悬挂在康瑟尔热丽大厅里的那块写着'**人权宣言**'的大牌子，以自傲的口吻说道：'但创造这个的毕竟是我。'就在这块牌子上宣布

---

① 按照赫斯在《晚近的哲学家》中的说法，鲍威尔是要国家而不要市民社会，施蒂纳是要市民社会而不要国家，而费尔巴哈试图将市民社会和国家结合起来。

② 《马克思恩格斯全集》第2卷，人民出版社1957年版，第155—156页。

了**人的权利**，而这种人不会是古代共和国的人，正像他的**经济**状况和**工业**状况不是**古代的**一样。"① 由此也可以看出，马克思在谈及雅各宾派时，强调的是其共和主义方面，而非其革命（激进）民主主义方面。

余 论

一方面，马克思青年时代对自由主义的批判，更准确地说是对自由共和主义的批判。根据马克思的科学共产主义理论，即使国家消亡，共同体（真正的共同体即自由人联合体）仍然存在，因此仍然存在个体自由与共同体（公共自由）的关系问题。按照佩迪特的说法，斯金纳主张的共和主义自由是"工具性自由"，在斯金纳看来，个体自由才是目的。问题是个体自由到底是消极自由还是积极自由。如果是个体的积极自由，那么马克思也是把共同体（真正的共同体）看作手段而不是目的。赫斯则把共同体（真正的共同体）看作目的本身，而把个体看作手段。赫斯的观点在当代社群主义中得到复活，而马克思的共产主义既不是社群主义，也不是共和主义，更不是自由主义。马克思的自由人联合体思想可以说是一种"新社会契约论"。

另一方面，超越了利己主义与自我牺牲的科学共产主义并非没有道德哲学。人的潜能能够得到自由而全面的发展（人的自我实现），就是每个人所追求的美好生活，就是最大的善。科学共产主义是对共和主义的扬弃而非彻底否定，它保留了共和主义弘扬公民人文主义的精神气质。

---

① 《马克思恩格斯全集》第 2 卷，人民出版社 1957 年版，第 156 页。

四 马克思《莱茵报》时期的哲学观：作为 批判哲学和国家哲学的政治哲学[*]

马克思在《德意志意识形态》中明确提出消灭哲学。在此之前，从撰写《博士论文》时期到撰写《关于费尔巴哈的提纲》阶段，马克思对哲学都持肯定的态度[①]，甚至把哲学的地位抬得很高（高于实证科学）。本书暂不涉及马克思《关于费尔巴哈的提纲》与《德意志意识形态》之间哲学观的"断裂"问题，而是重点考察马克思早期哲学观的内涵。马克思早期哲学观在《莱茵报》时期（特别是在《〈科隆日报〉第179号的社论》一文中）得到集中阐发。通过对马克思《莱茵报》时期哲学观的考察，笔者将马克思早期哲学观界定为政治哲学。

（一）马克思早期思想从观念论哲学观到人本哲学观的演进

马克思在《博士论文》时期对哲学比较集中的论述有三处。第一处是在《关于伊壁鸠鲁哲学的笔记》笔记五中，即从"哲学已经不再是为了认识而注视着外部世界"开始，一直到"风神琴只有当暴风雨敲打琴弦时才会响"为止的几段话[②]。第二处是在《博士论文》第一部

---

　* 本章参见鲁克俭《马克思〈莱茵报〉时期的哲学观——作为批判哲学和国家哲学的政治哲学》，《天津社会科学》2022年第6期。

　① 马克思在《〈黑格尔法哲学批判〉导言》中的"消灭哲学"是实现哲学的意思，这一思想在马克思《博士论文》中就已经出现。这并不是要消灭哲学本身。

　② 《马克思恩格斯全集》第40卷，人民出版社1982年版，第135、136页。

分第四章（佚失）的"附注（2）"中，即从"一个本身自由的理论精神转变成实践的力量"开始，一直到"并同时说明这个发展获得显现的各个个别的历史阶段"为止的几段话。①

显然，这两处论述具有对应关系。也可以说，是马克思在《博士论文》中利用了之前《关于伊壁鸠鲁哲学的笔记》中的评论性论述。其核心观点是强调哲学的批判功能——"当哲学作为意志反对现象世界的时候，体系便被降低为一个抽象的整体，这就是说，它成为世界的一个方面，于是世界的另一个方面就与它相对立……哲学体系为实现自己的愿望所鼓舞，同其余方面就进入了紧张的关系……那本来是内在之光的东西，就变成为转向外部的吞噬性的火焰……世界的哲学化同时也就是哲学的世界化，哲学的实现同时也就是它的丧失，哲学在其外部所反对的东西就是它自己内在的缺陷"②；"象传说中的杜卡利昂创造人时把石头向后扔那样，哲学在决心创造世界后，则把自己的眼睛往后扔（哲学的母亲的骨骼，就是明亮的眼睛）……哲学把握了整个世界以后就起来反对现象世界……风神琴只有当暴风雨敲打琴弦时才会响"③——或者说马克思的哲学观就是强调哲学的批判性（或批判哲学）。而这种批判哲学更多是与政治哲学（或伦理学），而非与认识论（"哲学已经不再是为了认识而注视着外部世界"④）或形而上学相关。

第三处对哲学的集中论述在《关于伊壁鸠鲁哲学的笔记》笔记七中，即从"编纂哲学史的任务"开始，一直到"他更不会有自己的见解或进行删改等等。他只是一个缮写员"为止这一整段话。⑤ 这段论述也涉及马克思的哲学观。在这里，马克思强调哲学体系之间的联系、

---

① 《马克思恩格斯全集》第40卷，人民出版社1982年版，第258、260页。
② 《马克思恩格斯全集》第40卷，人民出版社1982年版，第258页。
③ 《马克思恩格斯全集》第40卷，人民出版社1982年版，第136页。
④ 《马克思恩格斯全集》第40卷，人民出版社1982年版，第135页。
⑤ 《马克思恩格斯全集》第40卷，人民出版社1982年版，第170页。

语境（context），还强调哲学体系与其历史存在的联系，"哲学史应该找出每个体系的规定的动因和贯穿整个体系的真正的精华，并把它们同那些以对话形式出现的证明和论证区别开来，同哲学家们对它们的阐述区别开来……在阐述具有历史意义的哲学体系时，为了把对体系的科学阐述和它的历史存在联系起来，这个**关键因素**是绝对必需的。这一联系所以是不可忽视的，正是因为这个存在是历史的"①。这类似于前引《博士论文》第一部分第四章（佚失）的"附注（2）"中所谓"哲学体系同世界的关系就是一种反映的关系"②。这后一个强调，与前面两处关于哲学的集中的论述所强调的哲学的实现以及强调哲学（作为本质的观念世界）与现实（现象世界）的互动关系（"世界的哲学化同时也就是哲学的世界化"③）是一脉相承的。

　　马克思《莱茵报》时期关于哲学有一段著名的论述："哲学家并不像蘑菇那样是从地里冒出来的，他们是自己的时代、自己的人民的产物，人民的最美好、最珍贵、最隐蔽的精髓都汇集在哲学思想里。正是那种用工人的双手建筑铁路的精神，在哲学家的头脑中建立哲学体系。哲学不是在世界之外，就如同人脑虽然不在胃里，但也不在人体之外一样。当然，哲学在用双脚立地以前，先是用头脑立于世界的；而人类的其他许多领域在想到究竟是'头脑'也属于这个世界，还是这个世界是头脑的世界以前，早就用双脚扎根大地，并用双手采摘世界的果实了。任何真正的哲学都是自己时代的精神上的精华，因此，必然会出现这样的时代：那时哲学不仅在内部通过自己的内容，而且在外部通过自己的表现，同自己时代的现实世界接触并相互作用。那时，哲学不再是同其他各特定体系相对的特定体系，而变成面对世界的一般哲学，变成当代世界的哲学。各种外部表现证明，哲学正获得

---

① 《马克思恩格斯全集》第40卷，人民出版社1982年版，第170页。

② 《马克思恩格斯全集》第40卷，人民出版社1982年版，第258页。

③ 《马克思恩格斯全集》第40卷，人民出版社1982年版，第258页。

这样的意义，哲学正变成文化的活的灵魂，哲学正在世界化，而世界正在哲学化，——这样的外部表现在一切时代里曾经是相同的。"①

这里，马克思强调"哲学正在世界化，而世界正在哲学化"，这延续了《博士论文》时期"世界的哲学化同时也就是哲学的世界化"的说法。此外，马克思又强调哲学是"时代的精神上的精华"。那么，何为"时代的精神上的精华"？马克思的这一说法是否直接来自黑格尔？② 实际上，《马克思恩格斯全集》中文第一版第 1 卷将 "die geistige Quintessenz ihrer Zeit"③ 译为 "时代精神的精华"④，不够准确。马克思确实多次使用过类似黑格尔的 "时代精神" 的说法，但这里马克思用的是 "时代的精华（精神上的）" 的说法。在笔者看来，马克思强调哲学是 "时代的精神上的精华"，与 "哲学正在世界化，而世界正在哲学化" 的说法的含义是接近的，都在强调这样的 "时代"："那时哲学不仅在内部通过自己的内容，而且在外部通过自己的表现，同自己时代的现实世界接触并相互作用"，也就是 "哲学在用双脚立地以前，先是用头脑立于世界的"。⑤

马克思在《莱茵报》时期非常强调观念⑥和观念化⑦的作用。"在

---

① 《马克思恩格斯全集》第 1 卷，人民出版社 1995 年版，第 219—220 页。

② 参见王金福《 "哲学是时代精神的精华" 不是马克思主义的命题》，《唯实》2008 年第 Z1 期。

③ *MEGA2*，/I/1，Text，Berlin：Dietz Verlag，1975，S. 183.

④ 《马克思恩格斯全集》第 1 卷，人民出版社 1956 年版，第 121 页。

⑤ 《马克思恩格斯全集》第 1 卷，人民出版社 1995 年版，第 220 页。

⑥ 在黑格尔那里，也可将其译为 "理念"。

⑦ 马克思在《博士论文》时期就多次提到 "观念化"，"如果早期希腊哲人是实体的真正精神，是对实体的具体化的认识；如果他们的格言也具有和实体本身一样独特的强度；如果随着实体越来越观念化，这一运动的承担者在观念生活的个人现实性中维护观念生活，而不受显现着的实体即现实的人民生活的现实性的影响，—— 那么观念性仍然还只出现于实体形式中"（《马克思恩格斯全集》第 40 卷，人民出版社 1982 年版，第 65 页）。"物质及其观念化了的体系——力学"（《马克思恩格斯全集》第 40 卷，人民出版社 1982 年版，第 176 页），"在主观性中，形式的实在差别也同样地归结为观念化了的统一"（《马克思恩格斯全集》第 40 卷，人民出版社 1982 年版，第 176 页），"为了真正克服这种定在、抽象的个别性就应该把它观念化，而这只有普遍性才有可能做到"（《马克思恩格斯全集》第 40 卷，人民出版社 1982 年版，第 214 页）。

衡量事物的存在时，我们应当用内在观念的本质的尺度，而不能让片面和庸俗的经验使我们陷入迷误之中。"① "从观念的角度看来，不言而喻，新闻出版自由和书报检查制度的根据是完全不同的，因为新闻出版自由本身就是观念的体现、自由的体现。"② "自由报刊是人民精神的洞察一切的慧眼，是人民自我信任的体现，是把个人同国家和世界联结起来的有声的纽带，是使物质斗争升华为精神斗争，并且把斗争的粗糙物质形式观念化的一种获得体现的文化。"③ "自由报刊是观念的世界，它不断从现实世界中涌出，又作为越来越丰富的精神唤起新的生机，流回现实世界。"④ "公众（包括哲学的敌人在内）只有用自己观念的触角才能够触及哲学的观念领域。"⑤ "现代哲学持有更加理想和更加深刻的观点，它是根据整体观念来构想国家的。"⑥ "法律只能是现实在观念上的有意识的反映，只能是实际生命力在理论上的自我独立的表现。"⑦ 尽管马克思这一时期也有对"观念"的负面看法，比如有"德国人生来就特别忠诚、恭顺和谦卑。他们由于过分地敬重观念，所以就不去实现这些观念。他们把观念当作崇拜的对象，但不去培育它"⑧ 这样的说法，但总体来看，说马克思此时的哲学观是"观念论"⑨ 的，应该是正确的。当然，马克思观念论不同于黑格尔的观念论。马克思所谓观念，来自现实世界，是基于对现实的研究和对事物

---

① 《马克思恩格斯全集》第 1 卷，人民出版社 1995 年版，第 166 页。

② 《马克思恩格斯全集》第 1 卷，人民出版社 1995 年版，第 166 页。

③ 《马克思恩格斯全集》第 1 卷，人民出版社 1995 年版，第 179 页。

④ 《马克思恩格斯全集》第 1 卷，人民出版社 1995 年版，第 179 页。

⑤ 《马克思恩格斯全集》第 1 卷，人民出版社 1995 年版，第 220—221 页。

⑥ 《马克思恩格斯全集》第 1 卷，人民出版社 1995 年版，第 228 页。

⑦ 《马克思恩格斯全集》第 1 卷，人民出版社 1995 年版，第 314 页。

⑧ 《马克思恩格斯全集》第 1 卷，人民出版社 1995 年版，第 189 页。

⑨ 马克思在 1837 年 11 月写给父亲的信中，多次使用"idealistisch"一词，《马克思恩格斯全集》中文第一版第 40 卷和中文第二版第 47 卷都将其译为"理想主义"。*MEGA2* Ⅲ/1, Text, Berlin: Dietz Verlag, 1975, S. 10, 15；《马克思恩格斯全集》第 40 卷，人民出版社 1982 年版，第 9、14、15 页；《马克思恩格斯全集》第 47 卷，人民出版社 2004 年版，第 6、7、12 页。

本质的把握，并非像黑格尔的观念那样先于现实世界。黑格尔强调观念（精神）的自我运动（客观精神阶段），因此在黑格尔那里哲学是傍晚起飞的猫头鹰，哲学只是事后（绝对精神阶段）对观念自我运动的认识。① 马克思对黑格尔哲学的定位是"非批判的实证主义和同样非批判的唯心主义"②。但马克思所谓观念，也并非像鲍威尔那样纯粹的主体性自我意识。因此，马克思的批判哲学不同于鲍威尔。如果说鲍威尔倡导的批判哲学是外在批判（将理想即应然与现实对立起来），马克思的批判哲学则属于内在批判。

马克思在《莱茵报》时期还在赞扬"国家观念"，在《黑格尔法哲学批判》中就严厉批判黑格尔的"国家观念"，也一并放弃了观念论哲学观（马克思将其称为"逻辑神秘主义"）。马克思像费尔巴哈那样，强调哲学是关于"以自然为基础的现实的人"的理论（"实证的批判"），而非对"事物现状的超验的、抽象的表现"③。马克思也追随费尔巴哈，将"抽象"（观念）与"思辨"画等号。在《神圣家族》中，马克思甚至将"抽象"妖魔化。④ 尽管如此，马克思并没有马上放弃对哲学巨大作用和功能的强调，正如费尔巴哈严厉批判了黑格尔的思辨

---

① "**哲学家**只不过是创造历史的绝对精神在运动完成之后用来**回顾既往**以求意识到自身的一种工具。哲学家参与历史只限于他这种回顾既往的意识，因为真正的运动已被绝对精神**无意地**完成了。所以哲学家是 postfestum〔事后〕才上场的。"《马克思恩格斯全集》第 2 卷，人民出版社 1957 年版，第108 页。

② 《马克思恩格斯全集》第 3 卷，人民出版社 2002 年版，第 318 页。

③ 《马克思恩格斯全集》第 2 卷，人民出版社 1957 年版，第 177、49 页。

④ 关于"抽象"，马克思的态度有几次摇摆。当马克思早期强调"观念"作用的时候，抽象意味着"观念化"，因而是被肯定的。《神圣家族》中"抽象"被妖魔化，与"超验"和"思辨"画等号。《德意志意识形态》中马克思提出有两种"抽象"，批判一种思辨的抽象，而肯定另一种"抽象"，即"从对人类历史发展的考察中抽象出来的最一般的结果的概括。这些抽象本身离开了现实的历史就没有任何价值。它们只能对整理历史资料提供某些方便，指出历史资料的各个层次的顺序。但是这些抽象与哲学不同，它们绝不提供可以适用于各个历史时代的药方或公式。相反，只是在人们着手考察和整理资料——不管是有关过去时代的还是有关当代的资料——的时候，在实际阐述资料的时候，困难才开始出现"。Marx-Engels Gesamtausgabe. I/5, Text, Berlin: Dietz Verlag, 2017, ss. 136 – 139.

哲学但没有放弃哲学本身一样。①

　　可以将马克思此后的哲学观定位为人本哲学观。所谓人本，一是类似于费尔巴哈的人本学，二是强调人的本质，三是与人的解放密切相关。这一时期（特别是马克思《德法年鉴》两篇论文），哲学不再是观念的化身，但仍然与头脑相关。哲学是头脑，而无产阶级是心脏。人的解放最终化为无产阶级的解放②，人本哲学成为共产主义政治哲学的同义词。

　　把哲学与观念画等号，是欧陆哲学自笛卡尔以降的传统，在莱布尼茨那里达到顶峰。不过在海峡对岸，经验主义是英国的哲学传统。马克思在《神圣家族》中曾经指出，自霍布斯的机械唯物主义开始，"唯物主义变得**敌视人了**"③。马克思《博士论文》中的"唯物主义自我意识哲学"④，本质上是霍布斯社会契约论传统下的原子论政治哲学。个人作为现代社会的"原子"，恰如孤岛上的"鲁滨逊"。他是具有高度主体性和自主性的独立个人，但同时也是马尔库塞所说的"单向度的人"。马克思在《1844年经济学哲学手稿》中就是批判现代资产阶级社会中"单向度的人"的异化现象，倡导"丰富的人（即总体的人）"。《莱茵报》时期马克思正处于从自由主义到哲学共产主义的转变之中，即处于共和主义时期。共和主义就意味着人本主义因素的增加，以及自由主义冰冷因素的"褪色"⑤。而马克思《博士论文》时期的自由主义，是具有浓厚德国观念论色彩的自由主义。

---

　　① 费尔巴哈"以**清醒的哲学**来对抗**醉熏熏的思辨**"。《马克思恩格斯全集》第2卷，人民出版社1957年版，第159页。

　　② 在《神圣家族》中马克思也把资产阶级包括在人的解放之中。

　　③ 《马克思恩格斯全集》第2卷，人民出版社1957年版，第164页。

　　④ 关于"唯物主义自我意识哲学"，参见鲁克俭《马克思〈博士论文〉与恩格斯〈谢林和启示〉之比较》，《北京行政学院学报》2010年第5期。

　　⑤ 马克思在《博士论文》时期的《关于伊壁鸠鲁的哲学笔记》中，引用了霍布斯的"一切人反对一切人"的战争的说法来刻画原子实体的特性。参见《马克思恩格斯全集》第40卷，人民出版社1982年版，第123页。

因此，马克思从《博士论文》时期的自由主义到《莱茵报》时期共和主义政治哲学的转变，伴随着马克思从观念论哲学观到人本哲学观的转变。这种人本哲学观在《莱茵报》时期就具体体现为马克思基于内在批判的批判哲学和国家哲学，而基于人本哲学观的马克思人本主义（或译为人道主义）哲学在《1844 年经济学哲学手稿》中达到顶峰。

在《关于费尔巴哈的提纲》（以下简称《提纲》）中，马克思并没有放弃哲学，不过他反对只知道"解释世界"的哲学，而倡导旨在"改造世界"的哲学。不能从本体论或形而上学意义上将马克思《提纲》中的哲学称作实践哲学。《提纲》中的哲学是指导无产阶级革命的哲学，即作为心脏之大脑的哲学，也就是共产主义政治哲学。不过从《德意志意识形态》开始，马克思已经把共产主义理论和学说看作实证科学，而不再是哲学（政治哲学）。

（二）马克思《莱茵报》时期的批判哲学

前面已经提到，马克思《莱茵报》时期的哲学观是观念论的内在批判。接下来，将对马克思的内在批判思想作进一步论证。

所谓内在批判，就是有别于外在批判的批判。鲍威尔的自我意识哲学属于外在批判，因为鲍威尔的自我意识完全是主观的，或者说鲍威尔自认为自己的自我意识代表了普遍（或无限）自我意识，或者说代表了时代精神，但其实只是他的主观想象。鲍威尔没有哲学与现实世界相互作用的思想，他强调自我意识哲学的先导性和创造性，把历史看作自我意识自我创造的产物。① 如果说黑格尔是把哲学比作黄昏起

---

① 鲍威尔认为"**一切事物都起源**于无限的自我意识"。参见《马克思恩格斯全集》第 2 卷，人民出版社 1957 年版，第 176 页。

飞的猫头鹰，那么鲍威尔实际上是把哲学看作报晓的雄鸡。①

　　马克思在《1844 年经济学哲学手稿》中有"黑格尔晚期著作的那种非批判的实证主义和同样非批判的唯心主义"②的说法，这是对黑格尔哲学的科学论断。黑格尔在《法哲学原理》中把哲学比作黄昏起飞的猫头鹰，是黑格尔哲学非批判性的形象展现。从切什科夫斯基的《历史哲学导论》开始，青年黑格尔派就采取了"批判"的哲学姿态和对现实进行无情批判的政治立场，鲍威尔甚至明确退回到费希特的自我意识哲学。马克思本来是从康德和费希特的"应然"走近黑格尔的"实然"，但他通过"博士俱乐部"成为青年黑格尔派的一员之后，一方面接受了青年黑格尔派的批判哲学（特别是自我意识哲学），另一方面保留了黑格尔的"实然"和"现实"的态度。与"唯物主义自我意识"哲学相对应，马克思持一种"批判的实证主义"的方法论立场③，而鲍威尔的批判哲学就是"批判的唯心主义"。"批判的唯心主义"是外在批判，"批判的实证主义"是内在批判。有些西方学者常把黑格尔看作内在批判论者，这是极大的误读。早期马克思才是内在批判论者。

　　马克思内在批判的核心是所谓"本质主义"。亚里士多德、黑格尔和马克思都被看作本质主义者。④ 但马克思的本质主义更接近于亚里士多德，而非黑格尔。在黑格尔那里，是本质先于现象，先于实存，这类似于柏拉图的理念与现实的关系。因此黑格尔与柏拉图都属于实在论者。马克思与亚里士多德既然是本质主义者，当然不属于唯名论者。比如马克思就批判胡果"是一个否认事物的**必然本质**的**怀疑主义者**"⑤。但马克思与亚里士多德属于温和的实在论者（介于唯名论和极端实在

---

①　马克思在《〈黑格尔法哲学批判〉导言》中有"一切内在条件一旦成熟，**德国的复活日就会由高卢雄鸡的高鸣来宣布**"的说法。《马克思恩格斯全集》第 3 卷，人民出版社 2002 年版，第 214 页。

②　《马克思恩格斯全集》第 3 卷，人民出版社 2002 年版，第 318 页。

③　可以把鲍威尔的批判哲学看作"批判的唯心主义"。

④　后现代主义对本质主义持批判态度。

⑤　《马克思恩格斯全集》第 1 卷，人民出版社 1995 年版，第 230 页。

论之间）。亚里士多德强调个体实体，马克思强调事物本身（sache selbst）是出发点，而本质属于第二实体，或事物的本质规定性。这就是事（物）在理先，而非理在事（物）先。

马克思主张"遵循事物的本质并且决不满足于该本质的纯粹抽象的规定"①，反对用"臆想来代替事情的本质"②。马克思承认事物的存在（实存）不一定与本质（概念）相符合③，理性"就是按照**事物的本质特征**去对待**各种事物**"④，"只有那种不彻底的攻击才是轻佻的，这种攻击只针对现象的个别方面，由于它本身不够深刻和严肃，因而不能涉及事物的本质"⑤。马克思强调"从我们的作者无疑也会承认的事实出发"⑥，走向对事物本质的把握。与此相应，马克思把本质与假象（现象⑦）对立起来。透过假象（现象）把握到的本质，就是理性概念。于是就有自由报刊的本质、人的本质、法的本质（概念）、国家的本质（概念）、婚姻的本质（概念）。马克思依据这些本质（概念），来审视和批判现实事物（实存）的不合理性。这种批判是内在批判，即基于事物内在理性的批判，是对偏离本质（概念）的实存的批判。

需要指出的是，从内在理路上讲，马克思《莱茵报》时期有意识

---

① 《马克思恩格斯全集》第1卷，人民出版社1995年版，第315页。
② 《马克思恩格斯全集》第1卷，人民出版社1995年版，第347页。
③ 参见《马克思恩格斯全集》第1卷，人民出版社1995年版，第348页。
④ 《马克思恩格斯全集》第1卷，人民出版社1995年版，第112页。
⑤ 《马克思恩格斯全集》第1卷，人民出版社1995年版，第117页。
⑥ 《马克思恩格斯全集》第1卷，人民出版社1995年版，第337页。马克思在《1844年经济学哲学手稿》中也有类似的表述："我们且从当前的经济事实出发。"
⑦ 在黑格尔逻辑学的本质论环节，首先出现的是假象（直接性的存在）概念，通过作为反思规定性的本质这一中介，最后映现为诸实存的现象世界。假象与现象的关系，也就是存在与实存的关系。但马克思并没有像黑格尔那样对假象和现象作严格的区分，这可以说是马克思自《博士论文》就开始的对黑格尔逻辑学的唯物主义创造性转化。

地进一步强化了《博士论文》中已经形成的自己的"逻辑学"①，并据此对现实问题进行内在批判。不过从内容来看，马克思关于法的本质、国家的本质的界定，确实对黑格尔的《法哲学原理》有一定的继承②。因此，从表面上看，马克思这一时期仍然是遵循黑格尔的逻辑学，处于黑格尔国家观的影响之下。这也是长期以来国内外马克思研究学界的普遍看法。但仔细考察就会发现，虽然马克思在《莱茵报》时期的国家哲学总体来看受到了黑格尔的影响，但也开始偏离黑格尔的法哲学和国家哲学。③当马克思在《1844 年经济学哲学手稿》笔记本 I 的"异化劳动和私有财产"中说"我们且从当前的经济事实出发"④ 时，他仍然坚持了内在批判的方法论。

关于马克思是不是本质主义者，是一个有争议的话题。有西方学者专门出书为马克思的本质主义作辩护。在笔者看来，一方面，马克思早期无疑是一个本质主义者。但马克思从《德意志意识形态》开始，拒绝再使用"人的本质"话语（在否定意义上使用"人的本质"），因为在唯物史观视域下，不存在固定不变、超历史的"人性"或"人的本质"。另一方面，马克思没有放弃"事物的本质"话语，以及与此相关的"抽象辩证法"⑤。不过，"本质"已经不再是马克思中年以后的核心思想，"总体"或"思想具体"（亦即"典型"）取代了"本质"的位置，成为马克思唯物主义实在论的主要内容。

可以说，《德意志意识形态》之后马克思放弃了内在批判，也淡化了自己的本质主义立场。但马克思并没有放弃本质主义。特别是随着

---

①　参见鲁克俭《试论马克思对黑格尔逻辑学的创造性转化——以马克思〈博士论文〉为例》，《哲学动态》2013 年第 6 期。

②　类似地，马克思关于"人的本质"的界定，也不完全是基于他对现实人的考察，而首先是对黑格尔、费尔巴哈关于人的本质思想的继承和发展。

③　本章第三部分将深入考察马克思的国家哲学。

④　《马克思恩格斯全集》第 3 卷，人民出版社 2002 年版，第 267 页。

⑤　参见鲁克俭《抽象辩证法：唯物主义实在论的根据》，《马克思主义理论学科研究》2019 年第 1 期。

1857—1858 年在写作《政治经济学批判大纲》时重读黑格尔的《逻辑学》，以及在《〈政治经济学批判〉导言》中提出"从抽象到具体"的辩证法和"人体解剖方法"（与此相关的是马克思在《资本论》中加以完善的典型化方法①），马克思唯物主义实在论的本质主义再次登场。20 世纪初肇始的"拒斥形而上学"运动，最后发展出后现代主义，排斥一切本质、一元、中心、总体等所谓形而上学话语。现代西方经济学与其他实证科学一起，秉持康德的二元论，将实证科学限定在现象界及知性领域，完全放弃康德的物自体和理性领域，完全排除透过现象寻求本质，并把这种进路说成过时的、老派的、具有形而上学残余的本质主义。于是，马克思《资本论》中的"价值"概念在萨缪尔森眼里变成了多余的概念。② 于是，现代西方经济学只关注经济现象领域的价格和资源配置问题，完全不理会价值及资本逻辑（基于剩余价值理论的资本增殖逻辑）。而在马克思那里，"价值"不仅仅是"价格"背后的"本质"，"价值"也不仅仅是作为认识抽象产物的概念（唯名论的概念），而且是一种客观实在（实体），是"现实抽象"③。这是唯物主义实在论的本质主义，这有别于马克思在《神圣家族》中以"果实"为例对"思辨建构的秘密"的批判所体现的唯物主义唯名论立场。④

---

① 参见［苏］艾·瓦·伊林柯夫《马克思〈资本论〉中抽象和具体的辩证法》，孙开焕等译，山东人民出版社 1993 年版，第 139—142 页。

② 从庞巴维克批判马克思《资本论》从第 1 卷的"价值"到第 3 卷的"价格"这一所谓"转形问题"开始，就埋下了 20 世纪反《资本论》本质主义的伏笔。

③ 参见［德］阿尔弗莱德·索恩－雷特尔《脑力劳动与体力劳动：西方历史的认识论》，谢永康、侯振武译，南京大学出版社 2015 年版，第 55 页。

④ 阿尔都塞一个很少被人关注的观点，是他关于马克思《资本论》中"从抽象到具体"的辩证法是对《神圣家族》中经验主义意识形态自我清算的说法。参见［法］路易·阿尔都塞《保卫马克思》，顾良译，商务印书馆 2010 年版，第 183—185 页。

（三）马克思《莱茵报》时期的国家哲学

表面上看，马克思《莱茵报》时期强调国家代表自由、理性、普遍、必然性，与黑格尔是一致的。马克思认为，"国家应该是政治理性和法的理性的实现"①，国家的支柱"是自由的理性"②，"法律上所承认的自由在一个国家中是以**法律**形式存在的……法律只是在自由的无意识的自然规律③变成有意识的国家法律时，才成为真正的法律"④，"最普遍的事物即国家"⑤，"国家的真正的'公共教育'就在于国家的合乎理性的公共的存在。国家本身教育自己成员的办法是：使他们成为国家的成员；把个人的目的变成普遍的目的，把粗野的本能变成合乎道德的意向，把天然的独立性变成精神的自由；使个人以整体的生活为乐事，整体则以个人的信念为乐事"⑥，国家"是相互教育的自由人的联合体"⑦，"国家是合乎人性的国家"⑧，"作为理性自由的实现的国家概念"⑨，人民智力的"最高需要就是使国家本身得到实现，而且把国家看作是自己的事业、自己的国家"⑩。这些表述，基本上出自黑格尔。马克思还指出，契约论理论家和现代哲学家"构想（建构）国家（概念）"具有不同的进路：前者基于个人理论，后者基于社会理

---

① 《马克思恩格斯全集》第 1 卷，人民出版社 1995 年版，第 118 页。

② 《马克思恩格斯全集》第 1 卷，人民出版社 1995 年版，第 118 页。

③ 此处"自然规律"（Naturgesetz）应译为"自然法"。*MEGA2* I/1，Text，Berlin：Dietz Verlag，1975，S. 150.

④ Marx-Engels Gesamtausgabe. I/1，Text，Berlin：Dietz Verlag，1975，s. 150.

⑤ 《马克思恩格斯全集》第 1 卷，人民出版社 1995 年版，第 195 页。

⑥ 《马克思恩格斯全集》第 1 卷，人民出版社 1995 年版，第 217 页。

⑦ 《马克思恩格斯全集》第 1 卷，人民出版社 1995 年版，第 217 页。

⑧ 《马克思恩格斯全集》第 1 卷，人民出版社 1995 年版，第 225 页。合乎人性的原文是"人的"（menschlichen）。*MEGA2* I/1，Text，Berlin：Dietz Verlag，1975，S. 187.

⑨ 《马克思恩格斯全集》第 1 卷，人民出版社 1995 年版，第 226 页。

⑩ 《马克思恩格斯全集》第 1 卷，人民出版社 1995 年版，第 344 页。

性。这与黑格尔也是一致的。

但马克思的国家思想中也有不少黑格尔国家哲学所不具备的新内容。

第一，马克思关于国家概念的具体内容有别于黑格尔。同样是代表自由、理性、普遍、必然性，黑格尔的国家是立宪君主制国家，《莱茵报》时期的马克思已经转向作为法国大革命结果的共和国。马克思在《莱茵报》时期给卢格的书信中曾经提到要写黑格尔《法哲学原理》批判。这一批判应该是论文而非著作（没有流传下来，当然，也可能是马克思并没有写作），批判的并非代表自由、理性、普遍、必然性的国家概念，而是黑格尔的立宪君主制。马克思 1843 年的《黑格尔法哲学批判》则转向对代表自由、理性、普遍、必然性的国家观的批判。因此，《莱茵报》时期马克思的黑格尔法哲学批判设想与 1843 年《黑格尔法哲学批判》手稿有本质的区别，代表了马克思思想发展的两个阶段（从国家崇拜到批判国家本身[①]）。

第二，马克思明确区分现实的国家与国家概念。马克思有时用"国家本身""真正的国家"来指代国家概念。与此相应的是国家与政府的区分。现实的国家对应于政府。而黑格尔的"现实的国家"是国家概念的实现。马克思的"现实的国家"相当于黑格尔的"不真的国家"，即与国家概念不符的实存的国家。马克思是以国家概念为标准来对现实国家（政府，特别是官僚系统）进行批判。前文已经说过，这是有别于鲍威尔的内在批判。

第三，马克思提出"国家生活"的概念，并将其与"非国家的生活领域"相对立。国家生活指的是国家的"精神领地"，马克思强调国家是"自然的精神王国"[②]。而"非国家的生活领域"指的是市民社会领域。

第四，马克思提出"国家权利"概念，并将其与"私人权利"相对立。实际上，自霍布斯以来，权利就是与个体相联系的，意味着个体主

---

① 也就是国家消亡。

② 《马克思恩格斯全集》第 1 卷，人民出版社 1995 年版，第 333 页。

义。类似的还有"国家利益"与"私人利益"以及"国家的需要"与"特殊利益的需要"。在黑格尔那里，利益、需要都与市民社会有关，处于人的自由发展的特殊性阶段。国家是自由的实现，而自由正是摆脱了利益的纠缠。马克思则直接把利益、需要从特殊性推广到普遍性，将其赋予国家概念。这显然是对黑格尔国家哲学的引申，同时也是对黑格尔的偏离。将普遍利益、普遍需要赋予国家，就为马克思最终走向否定国家奠定了理论基础。因为一旦马克思意识到国家从来不可能真正代表普遍利益和普遍需要的时候，对国家本身的质疑就顺理成章了。而黑格尔那抽空了具体内容的国家普遍性，就不存在这样的风险。①

第五，马克思指出市民社会与国家之间属于对抗性关系。一方面，特殊利益将国家仅仅当作实现自己私利的手段；另一方面，国家则义不容辞地打击特殊利益的利己主义。而在黑格尔那里，市民社会是个人自由发展的一个阶段，即特殊性阶段。特殊性阶段最终会被普遍性扬弃，也就是扬长避短。国家并不是对市民社会的完全否定，而是将市民社会包含在自身之内。因此国家普遍性不是抽象普遍性，而是包含特殊性的具体普遍性。国家会抑制（包括以教育的方式）市民社会的负面效应（特别是利益争斗的战场的负面效应），具有纠偏效应，但国家与市民社会不是对抗性关系，国家是市民社会发展的合乎逻辑的理性结果。而马克思则强调，特殊利益企图窃取（垄断）国家："私人利益希望并且正在把国家贬为私人利益的手段"②；"这种把林木所有者的奴仆变为国家权威的逻辑，**使国家权威变成林木所有者的奴仆**"③；"国家就必定是他的私有财产了"④；省议会"把行政权、行政当局、被告的存在、国家观念、罪行本身和惩罚降低为**私人利益的物质手段**"⑤；

---

① 就像波普尔对科学与形而上学的划界一样，形而上学的特点恰恰在于其不具有"可证伪性"。

② 《马克思恩格斯全集》第1卷，人民出版社1995年版，第261页。

③ 《马克思恩格斯全集》第1卷，人民出版社1995年版，第267页。

④ 《马克思恩格斯全集》第1卷，人民出版社1995年版，第277页。

⑤ 《马克思恩格斯全集》第1卷，人民出版社1995年版，第285页。

"在法国和英国，——其实这两个国家的制度我们是决不赞成的，——获得代表权的根据不是某人拥有什么，而是他对国家有什么用处；不是占有权，而似乎是占有权对国家所起的作用"①；"省议会按其**本质**对国家抱有**敌对**情绪"；"特殊利益在政治上的这种独立化"②；"拿个别需要去同国家相对抗"③。显然，将国家与市民社会定位为对抗性关系，使马克思更接近契约论理论家（特别是洛克）的国家理论。只不过洛克的国家理论是将个体的特殊利益看作目的，将国家看作手段。而马克思是将国家看作目的，因为国家代表普遍的善。

第六，马克思强调人民报刊（而非官僚）居于特殊与普遍，黑格尔则完全反对出版自由。马克思对人民报刊作用的强调，应该是受到费希特的影响。④更一般地说，在黑格尔那里只有思想自由和市民社会的财产自由，以及最终人在国家中的自由，并不存在人的政治自由这一阶段。而政治自由却是马克思《莱茵报》时期大力强调的，是马克思国家哲学的重要内容。

第七，马克思强调人民概念。《莱茵报》时期马克思口中的"人民"不是无产阶级，但也不是黑格尔的"贱民"。人民概念在马克思《莱茵报》时期的政治哲学中起着举足轻重的作用。人民代表着社会的弱势群体，但马克思同时又赋予其"普遍性"化身的角色。普列汉诺夫和列宁强调马克思此一时期的"革命民主主义"，就是基于马克思对"人民"的强调。但人民与市民、公民的关系，以及其中所蕴含的理论难题（包括弱势群体何以自动成为普遍性的化身），显然尚未引起马克思的足够关注。我们只能以马克思同情弱势群体的价值立场⑤，以及马克思此一时期的共和主义政治立场（其要旨是对利己主义的否定和批

---

① 《马克思恩格斯全集》第1卷，人民出版社1995年版，第341页。
② 《马克思恩格斯全集》第1卷，人民出版社1995年版，第344页。
③ 《马克思恩格斯全集》第1卷，人民出版社1995年版，第344页。
④ 参见鲁克俭《试论马克思〈莱茵报〉时期的共和主义思想》，《现代哲学》2019年第1期。
⑤ 参见 Terrel Carver 相关著作。

判），来解释这种明显的理论跳跃和不严谨。这一问题也预示着马克思必然要走向理论的彻底性：要么退回到《博士论文》时期的自由主义，要么前进到共产主义，共和主义只能是短暂的思想过渡。

小 结

总体来看，马克思《莱茵报》时期哲学观的主基调是政治哲学。除了批判哲学和国家哲学，马克思还强调"哲学是阐明人权的"①。这种哲学观显然接近自霍布斯以降的现代政治哲学传统。如果说马克思早期有关于建构"逻辑学"的设想②，那么进一步断言马克思早期有政治哲学之外的哲学抱负，就缺乏文本依据。《德意志意识形态》创立的唯物史观是不是"哲学"，是一个很有争议的话题。但对马克思来说，从《德意志意识形态》开始，哲学就不存在了。科学共产主义仍然具有伦理维度，但它已经不再是哲学（包括政治哲学）。

争论马克思是否主张"消灭哲学"，必须首先考察马克思具有什么样的哲学观。如果认为马克思信奉观念论哲学观，必然会认定马克思哲学是实践哲学，因为观念论哲学观的实质是高扬人的主体性；如果认为马克思信奉本体论承诺的哲学观，就会把马克思哲学建构为唯物主义哲学；如果认为马克思信奉人本哲学观，就会强调马克思的哲学是批判哲学。如果把马克思《德意志意识形态》中"哲学和对现实世界的研究这两者的关系就像手淫和性爱的关系一样"③ 这句话看作马克思的哲学观，那么就会认定马克思主张"消灭哲学"。

---

① 《马克思恩格斯全集》第 1 卷，人民出版社 1995 年版，第 225 页。
② 肇始于德波林，苏联马克思主义哲学教科书体系基于马克思早期的逻辑学，建构了马克思唯物辩证法。
③ 《马克思恩格斯全集》第 3 卷，人民出版社 1960 年版，第 262 页。

五 马克思《黑格尔法哲学批判》中哲学共产主义的确立[*]

列宁关于马克思早期思想的发展有"两个转变"的著名论断。其中马克思向共产主义转变的节点，被列宁确定在《德法年鉴》的两篇论文。列宁没有看到《黑格尔法哲学批判》手稿。实际上，马克思在《黑格尔法哲学批判》中，就已经确立了哲学共产主义的政治立场。

（一）政治国家的本质是私人

黑格尔认为国家的本质是普遍，《莱茵报》时期的马克思也持这种国家观。但在《黑格尔法哲学批判》中，马克思明确提出国家的本质是私人。由此，马克思从国家崇拜转向国家批判，主张国家消亡论（马克思用的是"国家解体"①）。

我们先来看一下马克思关于国家的本质是私人的论述。从历史发展来看，"政治宪制②本身只有在各私人领域达到独立存在的地方才能

---

* 本章参见鲁克俭《马克思〈黑格尔法哲学批判〉中哲学共产主义的确立》,《马克思主义理论学科研究》2021 年第 7 期。

① "**选举改革就是在抽象的政治国家**的范围内要求这个国家**解体**，但同时也要求**市民社会解体**。"《马克思恩格斯全集》第 3 卷，人民出版社 2002 年版，第 150 页。

② Verfassung，中译文一般译为"国家制度"。更恰当的翻译是宪制，即一个国家的根本政治体制（政体）。梁志学在费希特《自然法权基础》的中译本中将其译为"宪法"。

80

发展起来"①,"历史的发展使**政治**等级变成**社会**等级","从**政治等级**到**市民等级**的真正转变是在**君主专制政体**中发生的","只有法国大革命才完成了从**政治**等级到**社会**等级的转变过程,或者说,使市民社会的**等级差别**完全变成了**社会**差别,即在政治生活中没有意义的私人生活的差别。这样就完成了政治生活同市民社会的分离"。② 作为其历史结果,私人成为市民社会的基础:"作为**私人等级**的市民社会","**私人等级**是市民社会的直接的、本质的、具体的等级"。实际上,黑格尔也是把整个市民社会当作私人等级,把政治上的等级要素"阐释为**由私人等级到公民的变体（Transsubstantiation）**"③。而"**现实的人**就是现代国家制度的**私人**"④,"**市民社会变体**（Transsubstantiation）⑤ 为政治国家"⑥,国家(就其本质而言)是"人的最高的社会现实"⑦,是"人的社会存在方式",是"人的本质的客体化",是"人的现实普遍性",是"一切人共有的东西"。"人"是私人"市民"的本质:"他在市民社会中的其他一切规定,对于人,对于个体,都**表现为非本质的**,都**表现为外在的**规定,尽管这些规定对他生存于整体中是必需的,就是说,都表现为把他同整体连接起来的纽带,不过这个纽带他是同样可以抛弃掉的。"⑧ 在国家的"成熟阶段","**私人等级**属于这种国家的本质,属于这种国家的政治"⑨,"国家的本质就是抽象的人,是**私人**。国

---

① Marx-Engels Gesamtausgabe. I/2, Text, Berlin: Dietz Verlag, 1982, s. 33.

② 《马克思恩格斯全集》第 3 卷, 人民出版社 2002 年版, 第 100 页。

③ 《马克思恩格斯全集》第 3 卷, 人民出版社 2002 年版, 第 92、95、119 页。

④ 《马克思恩格斯全集》第 3 卷, 人民出版社 2002 年版, 第 102 页。

⑤ Transsubstantiation 具有宗教含义。其本义是指,通过弥撒献祭中的祝圣活动,面包和葡萄酒变成了耶稣基督的身躯和血液。

⑥ 《马克思恩格斯全集》第 3 卷, 人民出版社 2002 年版, 第 112 页。

⑦ 《马克思恩格斯全集》第 3 卷, 人民出版社 2002 年版, 第 50 页。

⑧ 《马克思恩格斯全集》第 3 卷, 人民出版社 2002 年版, 第 101 页。

⑨ 《马克思恩格斯全集》第 3 卷, 人民出版社 2002 年版, 第 89 页。

家只有在自己的成熟阶段才泄露本身的秘密"①。显然，马克思从黑格尔自己的法哲学观点出发，作出了与黑格尔完全相反的结论：国家是人的现实普遍性，而现实的人是私人，因此国家的本质是私人，而不是普遍（普遍的善）。

市民社会是现实的社会，与此相应，市民社会的现实的人是私人。市民社会与政治社会的分离是有别于传统共同体的现代特征，从而市民社会在政治社会中获得其政治存在（Politische Dasein）。政治社会的人是政治人，是公民（公人②）。"市民社会的政治存在是从它自己的现实存在中得出的**抽象**。"③ 按照马克思的说法，政治存在包括等级要素、立法权、政治国家（官僚政治）等，其中立法权是市民社会的政治存在的代表。④

国家首先指国家概念（黑格尔那里还包括国家观念），并不是现实的国家。在现代，现实的国家就是政治国家（政府和君王⑤），主要是与市民社会相对立的政府（官僚机构）。在现代国家，"政治国家成了国家其他一切方面的**宪制**"⑥。黑格尔认为政治国家决定（bestimmt）市民社会，马克思则持相反观点。所谓"政治国家决定市民社会"，指政治国家相对于市民社会是更为强大（且正当）的力量，它代表普遍来限制或纠正市民社会的偏私（对特殊利益的追求）。限制或纠正的方式除了行使行政权，还包括对市民进行政治教育和思想教育。黑格尔还设计了许多制度作为中介（比如同业公会、等级要素、立法权等），来引导市民社会的成员在政治活动中以普遍为目的。正是因为黑格尔坚

---

① 《马克思恩格斯全集》第3卷，人民出版社2002年版，第52页。

② 马克思在《论犹太人问题》中使用了"公人（Offenlisch Mensch）"的说法。

③ 《马克思恩格斯全集》第3卷，人民出版社2002年版，第155页。

④ 参见《马克思恩格斯全集》第3卷，人民出版社2002年版，第149页。

⑤ 参见《马克思恩格斯全集》第3卷，人民出版社2002年版，第120页。

⑥ Marx-Engels Gesamtausgabe. I/2, Text, Berlin: Dietz Verlag, 1982, s. 34.

持政治国家决定（规定）① 市民社会，所以市民社会的私人本质并不能决定国家具有私人本质；恰恰相反，国家的普遍本质总是拼命抑制市民社会的私人本质。

在马克思看来，市民社会是更为强大的力量。现代政治国家与市民社会的分离，是一个现实，也是历史的进步。在二者分离之前，市民社会也是政治社会。二者分离之后，市民作为私人的身份与作为国家成员的公民身份出现背离。在马克思看来，市民社会与政治国家分离的最高形式是共和制，共和制是民主制的抽象国家形式。立法权塑造宪制，而参与立法的市民（私人）代表（代议制的议员），不可能以追求普遍利益为目的。"市民社会的成员在自己的政治意义上脱离了自己的等级，脱离了自己真正的私人地位。"② 如果说市民社会本身是私人追求私利的战场（商业社会），那么政治生活（政治社会）就是政治舞台上的私利争夺。这时候的私利是具体的，而代表普遍的国家只是一种抽象或虚构。甚至官僚阶层也将其官职作为自己的私有财产，以追求个人私利为目的。马克思甚至把官僚政治说成国家领域的市民社会。在一个私利无法遏制且横行的社会，政治国家只能沦为个人追求私利的工具和手段。因此，在马克思看来，是市民社会决定国家，而不是相反。

可以设想，马克思在说"市民社会决定政治国家"时，头脑中的政治国家应该是现代国家，也就是基于契约论的政治国家，如英国、法国、美国，即所谓共和国。英国是立宪君主制国家，但英国与黑格尔所建构的立宪君主国（以普鲁士为原型）有很大不同，它属于三权分立的现代代议制国家。在现代政治国家，市民社会决定政治国家是

---

① 如果将 bestimmen 译成决定，很容易使人联想到因果决定。bestimmen 和 Bestimmung 是黑格尔《逻辑学》中的核心范畴。此处最好译为规定，与此相应的是名词规定（Bestimmung，或译为规定性）。所谓政治国家规定市民社会，也就是说市民社会是政治国家的规定性，其中政治国家是主体。反之，市民社会规定国家，意思是政治国家是市民社会的规定性，其中市民社会是主体。

② 《马克思恩格斯全集》第3卷，人民出版社2002年版，第101页。

一个不容辩驳的事实。而黑格尔的"政治国家决定市民社会"只是他的政治理想（构想），是大国家小社会的政治理想，有别于古典自由主义"守夜人国家"的政治理论及实践。黑格尔的这种构想，倒是在20世纪特别是"二战"之后的民主社会主义福利国家（如北欧的福利国家）得以实现。

黑格尔的"大国家"构想，是有现实针对性的。黑格尔正是敏锐地觉察到基于古典自由主义国家理论的现代国家存在的问题，比如市民社会与政治国家的对立，市民社会的内在困境（利己主义的盛行、贱民的存在等现象），才建构自己的政治哲学。现在不少学者将黑格尔的这种理论努力看作现代性批判，其实是极大误读。黑格尔并没有进行现代性批判（或反思启蒙），而是批判现代性的一种历史形态，即基于霍布斯个体主义政治哲学的现代性形式。黑格尔所做的工作是一种改良，但不是以立宪君主制来刘专制君主制的改良，而是以黑格尔版本的立宪君主制来改良以英、法、美为代表的现代政治国家。所谓黑格尔版本的立宪君主制，就是黑格尔大量借鉴了中世纪元素，如长子继承权、同业公会、等级要素等。这给人以保守的外观，这也是黑格尔法哲学长期遭人误解（比如为当时普鲁士君主专制制度辩护）的重要原因。黑格尔政治哲学的实质，是以自由共和主义（以古典城邦为理想）取代古典自由主义。

马克思洞穿了黑格尔的良苦用心。断言马克思《黑格尔法哲学批判》误读甚至没有达到黑格尔《法哲学原理》的认识水平，反而是对马克思此一时期思想的误读。马克思与黑格尔的共同点在于，马克思也对市民社会的消极因素（特别是其利己主义①因素）持批判态度。《莱茵报》时期的马克思国家观与黑格尔大同小异。但《黑格尔法哲学

---

① 利己主义是个体主义的必然产物。马克思说："现代的市民社会是实现了的个人主义原则；个人的存在是最终目的；活动、劳动、内容等等都只是手段。"《马克思恩格斯全集》第3卷，人民出版社2002年版，第101页。

批判》时期马克思的思想有了进一步的发展，从而与黑格尔的改良主义分道扬镳。马克思一方面主张采取暴力手段完成国家体制的改变①，另一方面彻底告别共和主义的国家崇拜，走向国家消亡的立场②。所谓国家消亡，指的是政治国家的消亡，"在真正的民主制中**政治国家就消失了**"③。正如恩格斯后来所指出的那样，是作为国家机器（暴力专政工具）的国家消亡，而国家的管理职能仍然存在。马克思在《黑格尔法哲学批判》中将国家的政治意义（政治国家）从国家概念剥离之后，就剩下"物质国家"的概念。马克思说："物质国家不是政治国家"④；"在直接的君主制、民主制、贵族制中，还没有一种与现实的物质国家或人民生活的其他内容不相同的政治体制。政治国家还没有表现为物质国家的**形式**"⑤。

马克思之前存在两种主要类型的国家观，即国家工具论与国家目的论。前者是古典自由主义的国家理论，后者是黑格尔的国家理论。黑格尔对古典自由主义国家理论持有意识的批判态度。马克思曾经受黑格尔国家观的影响，但马克思在《黑格尔法哲学批判》中以更接近古典自由主义国家理论的逻辑来批判黑格尔的国家观，并最终走向国家消亡论。但马克思的国家消亡论不同于蒲鲁东以及后来巴枯宁的无政府主义，是导向共产主义的国家消亡论。

作为国家消亡论的前提，马克思对政治国家进行了严厉批判，把它看作政治领域的宗教（和"政治国家的**神学**观念"⑥）。这里，马克思借鉴了费尔巴哈的宗教异化批判理论，只不过马克思将"上帝"置

---

① 《马克思恩格斯全集》第 3 卷，人民出版社 2002 年版，第 72 页。

② 主张国家消亡，是蒲鲁东无政府主义的主要立场。马克思《黑格尔法哲学批判》中的国家消亡思想，很可能受了蒲鲁东《什么是财产?》的影响。不过，马克思最终没有滑向无政府主义，而且在第一国际时期还与巴枯宁的无政府主义思潮进行了坚决的斗争。恩格斯还专门为此写了《论权威》一文。

③ 《马克思恩格斯全集》第 3 卷，人民出版社 2002 年版，第 41 页。

④ 《马克思恩格斯全集》第 3 卷，人民出版社 2002 年版，第 42 页。

⑤ 《马克思恩格斯全集》第 3 卷，人民出版社 2002 年版，第 43 页。

⑥ 《马克思恩格斯全集》第 3 卷，人民出版社 2002 年版，第 148 页。

换成"国家"。政治国家是人在政治领域异化的产物。政治国家是"作为彼岸之物而发展起来的";"政治生活就是**空中的生活**,是市民社会的超越尘世的领域"①。马克思还明确提出"是上帝为主宰还是人为主宰"②的问题。"民主制从人出发,把国家变成客体化的人。正如同不是宗教创造人,而是人创造宗教一样,不是宪制创造人民,而是人民创造宪制"③;"**政治宪制**到目前为止一直是**宗教领域**,是人民生活的**宗教**,是同人民生活现实性的**尘世存在**相对立的人民生活普遍性的天国"④;"在政治国家的领域内,国家的各个环节都把自己当作**类的本质**,当作'类本质'来对待,因为政治国家是国家各个环节的普遍规定的领域,是国家各个环节的**宗教领域**"⑤。因此,对上帝的崇拜就变成了对国家的崇拜。正如费尔巴哈的宗教异化批判要破除对上帝的崇拜,从而使人的类本质回归人本身一样,马克思的政治异化批判就是要破除对国家的崇拜,从而使人的类本质(人的普遍性即社会性)回到人民生活本身:"各个特殊领域并没有意识到:它们的私人本质将随着宪制或政治国家的彼岸本质的消除而消除,政治国家的彼岸存在无非是要肯定这些特殊领域自身的异化。"⑥

人既是个体,又是类(社会存在物 Sociales Wesen)。个体与类是无法截然分开的,从而个体生活与类生活也是无法截然分开的。个体与类的同一有不同的历史形式。在中世纪,或者如马克思《政治经济学批判大纲》中所谓各类"公社"或传统共同体时期,个体与类的同一必然意味着"人对人的依赖"⑦。个体与类的分离,意味着历史的进步。

---

① 《马克思恩格斯全集》第3卷,人民出版社2002年版,第99页。

② 《马克思恩格斯全集》第3卷,人民出版社2002年版,第38页。

③ Marx-Engels Gesamtausgabe. I/2, Text, Berlin: Dietz Verlag, 1982, s. 31.

④ Marx-Engels Gesamtausgabe. I/2, Text, Berlin: Dietz Verlag, 1982, s. 33.

⑤ 《马克思恩格斯全集》第3卷,人民出版社2002年版,第133页。

⑥ Marx-Engels Gesamtausgabe. I/2, Text, Berlin: Dietz Verlag, 1982, s. 33.

⑦ 马克思在《黑格尔法哲学批判》中,在考察长子继承权(无依赖性的私有财产)时就提到了"人对人的依赖"。参见《马克思恩格斯全集》第3卷,人民出版社2002年版,第127页。

也就是从人对人的依赖转向人对物的依赖，就是以政治或货币为纽带和中介的人的相互依赖。这时，个体就以市民的身份出现，而作为类的个体则以国家公民（政治市民）的身份出现。"国家公民也是同作为市民社会成员的市民彼此分离的。这样，他就不得不与自己**在本质上分离**。"①"国家公民作为国家的理想主义者，是**完全另外一种存在物**，一种与他的现实性**不同的**、有差别的、相对立的**存在物**。"②公民作为类的个体，作为等级或议员参与政治生活，首先是同业公会等具有政治意义的公共生活（公民社会），然后是通过立法权参与政治生活。马克思反复强调"立法权是一个总体"，它包括各个环节，并创造出宪制。"国家公民，作为规定普遍东西的人，就是立法者。"③黑格尔的思路是以国家统摄（"管辖和规定"）市民社会，使市民提升到公民。马克思的思路是消除市民与公民的分离，从而消除人民生活的异化，消除市民生活与政治生活的分离。消除了市民与公民分离的人民，就是个体与类的重新统一，就是人本身。马克思提到了"人的**对象性本质**""人的内容"④，提出"二者必居其一：或者是政治国家同市民社会分离……或者恰好相反，市民社会就是**现实的**政治社会"⑤。消除了市民社会与政治国家的分离，政治国家消亡，市民社会与物质国家重新实现统一，达到人的社会，也就是共产主义社会。这是一种真正的民主制。"**政治**市民即国家公民"⑥；"在民主制中，任何一个环节都不具有与它本身的意义不同的意义。每一个环节实际上都只是整体人民的环节"⑦；"在民主制中，**宪制本身**只表现为**一种**规定，即人民的自我规

---

① 《马克思恩格斯全集》第 3 卷，人民出版社 2002 年版，第 96 页。
② 《马克思恩格斯全集》第 3 卷，人民出版社 2002 年版，第 97 页。
③ 《马克思恩格斯全集》第 3 卷，人民出版社 2002 年版，第 76、34 页。
④ 《马克思恩格斯全集》第 3 卷，人民出版社 2002 年版，第 102 页。
⑤ 《马克思恩格斯全集》第 3 卷，人民出版社 2002 年版，第 148 页。
⑥ 《马克思恩格斯全集》第 3 卷，人民出版社 2002 年版，第 97 页。
⑦ 《马克思恩格斯全集》第 3 卷，人民出版社 2002 年版，第 39 页。

定"①;"民主制从人出发,把国家变成客体化的人"②;"只有民主制才是普遍和特殊的真正统一"③;"普遍事务只有当它不是单个人的事务而是社会的事务时,才能成为真正的普遍东西。这时不仅形式改变了,而且内容也改变了。不过,这里谈的是这样的国家,在这种国家,人民本身就是普遍事务;这里谈的是这样的意志,这种意志只有在具有自我意识的人民意志中,才能作为类意志而获得真实的定在"④。

那么,人民生活异化的根源是什么呢?表面来看是根源于市民社会与政治国家的分离。黑格尔"到处都在表述市民社会和国家的**冲突**"⑤。那么为什么会出现市民社会与政治国家的分离呢?在《法哲学原理》中黑格尔并没有提出这样的问题,而只是把"现代世界"作为一个事实前提。不过黑格尔在《精神现象学》中提到,伴随现代国家的形成,"卑贱意识"最终战胜了"高贵意识"。根据黑格尔,卑贱意识与私有财产和利己主义有关。黑格尔指出:"认定国家权力和财富这两种本质性都与自己**不同一**的那种意识,是**卑贱的意识**。卑贱意识视国家的统治力量为压迫和束缚**自为存在**的一条锁链,因而仇视统治者,平日只是阳奉阴违,随时准备爆发叛乱。——卑贱意识借助于财富而得以享受其自己的自为存在,但他同样把财富视为与它自己不同一的东西,即是说,因为它从自己的持存的本质出发来考察,发现财富与自己不同一。既然财富只使它意识到它的个别性和享受的变灭性(Vergänglichkeit),使它既贪爱财富又鄙视财富,那么随着享受消逝,随着日益损耗中的财富的消逝,它认为它与富人的关系也已消逝。"⑥

因此,与其说现代市民社会与政治国家分离是人的异化的根源,

① Marx-Engels Gesamtausgabe. I/2, Text, Berlin: Dietz Verlag, 1982, ss. 30-31.
② 《马克思恩格斯全集》第3卷,人民出版社2002年版,第40页。
③ 《马克思恩格斯全集》第3卷,人民出版社2002年版,第40页。
④ 《马克思恩格斯全集》第3卷,人民出版社2002年版,第82页。
⑤ 《马克思恩格斯全集》第3卷,人民出版社2002年版,第92页。
⑥ [德]黑格尔:《精神现象学》下卷,贺麟、王玖兴译,商务印书馆1979年版,第51页。

不如说伴随世俗化的人的异化（利己主义只是其表象）是现代世界市民社会与政治国家分离的根源。黑格尔实际上已经模糊地感觉到这一点。费尔巴哈在进行宗教批判时，并没有深究人的异化的社会根源，而只是把人的异化作为一个事实性前提（人处于愚昧状态）。马克思则试图深入探究人的异化的根源，并深入市民社会中去。通过文本细读可以看出，马克思此时把目光瞄向了私有财产。马克思明确提出，市民社会和国家之间的对立（Gegensatz），转化为"**私有财产和国家之间的对立**"①。马克思认为在现代社会现实的人就是私人，从而把私有财产看作市民社会的基础。

不仅如此，马克思还试图历史地看待私有财产。马克思所谓私有财产，不仅包括排他性的、具有任意处分权的私有财产（这是市民社会的基础，也是黑格尔《法哲学原理》抽象法对私有财产的规定），而且包括中世纪封建地产。马克思甚至把以长子继承权为基础的封建地产看作真正的私有财产，因为相对于普遍等级（薪俸）和产业等级（利润）的财产，地产才是不依赖于国家和需求的财产，因而是真正私人的财产。马克思把封建地产（长子继承权）看作私有财产的活化石，是人格化的私有财产。马克思关于私有财产有一个著名的说法："私有财产的真正基础，即**占有**，是一个**事实，是无可解释的事实，而不是权利**。只是由于社会赋予实际占有以法律规定，实际占有才具有合法占有的性质，才具有**私有财产**的性质。"② 这一思想应该是来自他的大学老师萨维尼的《论占有》③。《论占有》主要考察罗马法（私有财产法）。基于罗马私法，占有权与所有权是可以分离的。这种情况在欧洲

---

① 《马克思恩格斯全集》第 3 卷，人民出版社 2002 年版，第 63 页。

② 《马克思恩格斯全集》第 3 卷，人民出版社 2002 年版，第 137 页。

③ 从占有到所有，也是康德、费希特的财产权学说的基本进路。实在法是保证占有得到承认（相互承认）的前提。黑格尔的抽象法以自我意识的相互承认为前提，因此不存在从占有到所有的转变。在黑格尔那里，私有财产就是人的自由（自由意志）的最初定在。马克思在 1837 年给他父亲的信中表明，他对萨维尼以及康德、费希特的财产理论非常熟悉。

中世纪农奴对土地的占有和使用权与领主的土地所有权（长子继承权）分离的事实中得到很好体现。马克思在《德意志意识形态》中提出财产（所有制）的几种历史形式，就是历史地考察私有财产这一思想的进一步发展。①

但是，与政治国家相分离的市民社会的私有财产，却是一种非历史性、排他性的抽象权利。这是古典自由主义（以洛克为代表）关于私有财产的核心观点，黑格尔也继承了这一思想。蒲鲁东的《什么是财产?》也是在这个意义上（资产阶级私有财产）来指财产（私有财产）的。但是，正如马克思所批评的那样，黑格尔不够彻底。黑格尔在私法上持一种抽象权利的观点（关于私有财产的理想主义），在国家法方面却持另一种观点，还把他的国家理想寄托在具有浓厚中世纪色彩的长子继承权上（它具有政治非依赖性）。黑格尔实际上是把私法（私有财产法）变成国家法。私法就是私法，它是市民社会的基础，而不是国家的基础。黑格尔这样做，产生了与其初衷相反的结果，即凸显了"**抽象的私有财产**对政治国家的权力"②，"**私有财产是政治制度的保证**"③，"国家制度在这里就成了**私有财产的国家制度**"④，从而暴露了政治国家的私有财产本质。

马克思在《黑格尔法哲学批判》中对抽象的使用值得注意。这里，抽象不仅仅是一种认识活动（或认识活动的结果），也是一种实在（实在论的实在）。当然，马克思此时对实在论的抽象实在（有别于作为本质的实在）是持否定态度的⑤，因为抽象意味着个体与类的分离和异

---

① 马克思在《克罗茨纳赫笔记》中阅读和摘录了大量关于欧洲历史（特别是中世纪历史）的著作，从而对中世纪财产形式有了比较深入的了解。

② 《马克思恩格斯全集》第3卷，人民出版社2002年版，第124页。

③ 《马克思恩格斯全集》第3卷，人民出版社2002年版，第135页。

④ 《马克思恩格斯全集》第3卷，人民出版社2002年版，第135页。

⑤ 马克思《资本论》时期重新又肯定抽象实在论。参见鲁克俭《抽象辩证法：唯物主义实在论的根据》，《马克思主义理论学科研究》2019年第1期。

化，意味着形式化①。这些抽象包括私人生活的抽象、国家形式的抽象、私有财产的抽象等。马克思说，"私人生活的抽象也只是现代才有"②；"国家是抽象的东西"③；"政治国家是从家庭和市民社会中得出的抽象"④；"**国家本身**的抽象只是现代才有，因为私人生活的抽象也只是现代才有。**政治国家**的抽象是现代的产物"⑤；"抽象的反思的对立性只是现代世界才有"⑥；"市民社会的政治存在是从它自己的现实存在中得出的抽象"⑦；"**政治国家**是从市民社会中得出的**抽象**"⑧。从这个意义上说，马克思也强调市民社会（主体）决定政治国家（作为普遍的抽象），而不是相反。马克思在《神圣家族》中以同样的思路，再次以果实的抽象为例批判了黑格尔思辨建构的秘密。

需要指出的是，在《黑格尔法哲学批判》中马克思将私有财产概念作了泛化理解。马克思指出，在中世纪"特权都以**私有财产**的形式表现出来"，"**私有财产是特权**即**例外**权的**类存在**"。⑨因此，"具有各自的细微差异的商业和工业，是各种特殊的同业公会的私有财产。宫廷官职和审批权等等，是各个特殊等级的私有财产。各个省是各个王侯等等的私有财产。为国效劳等是统治者的私有财产。圣灵是僧侣的私有财产。我履行自己义务的活动是别人的私有财产，同样，我的权利则是特殊的私有财产。主权，这里指**民族**，是皇帝的私有财产"⑩。虽然这种对私有财产概念的泛化只是马克思的一时做法，但对马克思的

---

① 韦伯以合理化、形式合理化来把握资本主义现代性，与马克思这里强调的抽象有异曲同工之妙。
② 《马克思恩格斯全集》第 3 卷，人民出版社 2002 年版，第 42 页。
③ 《马克思恩格斯全集》第 3 卷，人民出版社 2002 年版，第 38 页。
④ 《马克思恩格斯全集》第 3 卷，人民出版社 2002 年版，第 99 页。
⑤ 《马克思恩格斯全集》第 3 卷，人民出版社 2002 年版，第 42 页。
⑥ 《马克思恩格斯全集》第 3 卷，人民出版社 2002 年版，第 43 页。
⑦ 《马克思恩格斯全集》第 3 卷，人民出版社 2002 年版，第 155 页。
⑧ 《马克思恩格斯全集》第 3 卷，人民出版社 2002 年版，第 99 页。
⑨ 《马克思恩格斯全集》第 3 卷，人民出版社 2002 年版，第 136 页。
⑩ 《马克思恩格斯全集》第 3 卷，人民出版社 2002 年版，第 135 页。

思想发展而言，这是最终得出私有财产（而不仅仅是市民社会）决定政治国家的重要一步。①

人作为"类存在"②，其"'特殊的人格'的本质不是它的胡子、它的血液、它的抽象的肉体，而是它的**社会特质**"③。马克思这里有一个重要思想突破，就是将费尔巴哈的"类"解读成"社会性"，将"类存在"解读成"社会存在物"。④ 这是马克思受了赫斯的影响，是戴着赫斯的有色眼镜⑤来看费尔巴哈。那么人的社会性（类方面）体现在什么地方？不仅仅是政治，更在于交往。交往包括政治交往（甚至战争）、经济交往（交换）、社会（狭义的社会）交往。但是，在现代政治国家，社会存在物（人的类存在）只能以政治存在的形式存在。从政治交往回归到社会交往，从政治社会与市民生活的分离，回归到社会生活，这就是马克思在《黑格尔法哲学批判》中的核心结论，也是马克思转变到哲学共产主义政治立场的标志。不过，人的分裂和异化不仅仅必然体现在政治领域，还必然体现在市民社会的经济交往（交换）领域。如何彻底根除现代社会生活（特别是斯密所谓商业社会）人的分裂和异化，这是马克思后续（《德法年鉴》时期开始）需要进一步探讨和解决的问题，最终都与私有财产的发展及必然伴随的分工相关。

---

① 即使后来（比如《德意志意识形态》中），马克思也并没有仅仅在资本主义私有财产意义上使用私有财产。比如罗马城邦的公地既是罗马人的公有财产，也是整个城邦的私有财产。在罗马共和国晚期，公地逐渐变成排他性的私有财产（可以任意处置的私有财产），从而出现了私有财产法（私法）。

② 《马克思恩格斯全集》第 3 卷，人民出版社 2002 年版，第 36 页。

③ 《马克思恩格斯全集》第 3 卷，人民出版社 2002 年版，第 29 页。

④ 《马克思恩格斯全集》第 3 卷，人民出版社 2002 年版，第 101 页。马克思在《黑格尔法哲学批判》中只用过一次"社会存在物"的说法："只有在这里，他作为国家成员、作为社会存在物的规定，才表现为他的人的规定。"随后在《论犹太人问题》中使用过一次，而在《1844 年经济学哲学手稿》中成为核心概念。

⑤ 赫斯对费尔巴哈"类"概念的误读可能是有意的，但马克思的误读却是真诚的。

（二）中介的消除与共产主义的通透社会①

黑格尔曾设想"政治国家原则和市民社会原则相统一"②。当然，这种统一是统一到政治国家原则，而非市民社会原则。为了体现国家的普遍本质，抑制市民社会的私人本质，使其国家概念得以实现，黑格尔建构（构思）了一系列中介：关于行政权，马克思强调官僚政治的真正精神是"事务成规"。关于等级要素，黑格尔把政治上的等级要素阐释为"**由私人等级到公民的变体**"③。君王要素和等级要素是两个对抗的极端④，因此需要行政权作为中介。行政权与等级要素也是对抗的两个极端，又需要君主作为中介。烦琐的中介受到马克思的嘲讽和批判，不过这恰恰是黑格尔国家理论的重要特色。从当今的现实来看，黑格尔的这种制度设计不乏其合理之处。

按照马克思的说法，黑格尔的国家法构想了四层结构：君王、行政权（基督）、等级代表（教士）、市民社会，其中君王、行政权、等级代表是立法权的三个要素，它们构成总体的立法权，也就是政治国家。⑤黑格尔设计的君王是立宪君主，没有实权，只能在宪法（法律、体制）范围内以"我要"作最后决断（其实类似于日本明治维新之后的天皇)⑥。君王代表国家主权，就像人格化的上帝。立宪君主的产生

---

① "通透社会"的英文是 transparent society。

② 《马克思恩格斯全集》第 3 卷，人民出版社 2002 年版，第 116 页。

③ 《马克思恩格斯全集》第 3 卷，人民出版社 2002 年版，第 119 页。

④ 参见《马克思恩格斯全集》第 3 卷，人民出版社 2002 年版，第 115 页。

⑤ "'立法权'是政治国家的总体。"《马克思恩格斯全集》第 3 卷，人民出版社 2002 年版，第 114 页。

⑥ 立宪君主"既没有实际的权力，也没有实际的活动"。《马克思恩格斯全集》第 3 卷，人民出版社 2002 年版，第 136 页。

是靠出生而不是选举。① 把黑格尔《法哲学原理》中的立宪君主理解成专制君主，既是对黑格尔的误解，也是对马克思《黑格尔法哲学批判》的误读。

马克思对黑格尔国家法批判的重心不在君主（王权原则），而在行政权（官僚政治）。"官僚政治实现了反对一个国家中有许多不同国家的统一思想"②，因此官僚政治是封建主义（封建等级制度）解体的产物，是与中央集权体制相适应的制度。但黑格尔建构的官僚政治是现代国家的官僚政治，不同于绝对主义君主制的官僚政治③。官僚政治并不在古典自由主义理论家（主张"守夜人"国家理论）的视野之中。黑格尔的构想尽管受到马克思的严厉批判，但却具有现实性（特别体现为现代国家公务员体制④）。韦伯应该说继承了黑格尔的官僚政治思想。马克思不是一个改良主义者，而是一个共产主义的革命者。因此，马克思要求打破官僚体制（包括巴黎公社的革命尝试⑤），是与其共产主义政治立场吻合的。

马克思对官僚政治的批判与对政治国家的批判紧密联系。"政治国家作为现实国家的单纯的形式主义而存在着，政治国家是单纯的领域，

---

① 马克思对于黑格尔关于君王是靠出生的说法，作了辛辣的批判，"出生像决定牲畜的特质一样决定君主的特质"（《马克思恩格斯全集》第 3 卷，人民出版社 2002 年版，第 44 页）。不过，一国首脑如何产生的问题，并不是仅仅靠马克思所说的"公民的现实的自我意识""国家的共同灵魂"（《马克思恩格斯全集》第 3 卷，人民出版社 2002 年版，第 32 页）这样的理论原则就能解决的。后来路易·波拿巴和希特勒靠民选（普选制）上台，就说明要确定"国家的共同灵魂"并非易事。亚里士多德早就注意到靠直接民主制选举出来的执政官是不可靠的。黑格尔以"出生"原则作为立宪君主的产生机制，旨在"避免可能出现的围绕王位而展开的派系倾轧和对国家权力的削弱与破坏"（［德］黑格尔：《黑格尔著作集 第 7 卷 法哲学原理》，邓安庆译，人民出版社 2017 年版，第 428 页），并非完全一无是处。

② 《马克思恩格斯全集》第 3 卷，人民出版社 2002 年版，第 100 页。

③ 最为典型的是，中国自秦以来中央集权政体下的官僚体制。

④ 一个不容忽视的事实是，现代国家公务员体制，即韦伯所谓科层制（官僚制），确实存在马克思所批判的种种弊端（包括形式主义）。

⑤ 特别是将行政官员由社会主人变成社会公仆的革命尝试。

政治国家作为'宪制'而存在着。"① "官僚是国家耶稣会教士和国家神学家。"② 有时候马克思甚至以官僚政治（政府）来指代政治国家。**"国家活动**变成**官职**是以国家脱离社会为前提的。"③ 按照黑格尔，通过行政权力机关，"国家和市民社会之间的对立就固定下来了。国家不在市民社会之内，而在市民社会之外，它只是通过自己的'**全权代表**'，那些受权在这些领域内部'**照管国家**'的人们来同市民社会接触"④。马克思批判黑格尔通过官僚政治（它"使单一和特殊'**从属**'于普遍"⑤），只能得到特殊利益与普遍利益"虚构的同一"或者说"对立的同一"。"这种明显的对立，只显现在这些'在**国家本身**的自在自为地存在着的普遍东西之外'的'**共同的特殊利益**'等对这个'**国家的自在自为地存在着的普遍东西**'的关系之中"⑥；"私人利益才是各等级的普遍事务，而普遍事务并不是等级的私人利益"⑦。普遍事务只是形式上的，在现代国家中，说"国家是人民的利益，或者说，人民是国家的利益"，这是谎言。

马克思《黑格尔法哲学批判》中关于立法权的论述值得仔细考察。洛克在《政府论》中的政治制度设计是三权（立法权、行政权和对外权）分立，而洛克突出的是立法权，主张立法权在这三种权力之中占据支配地位。黑格尔也承认"只有'立法权'才是本来的总体的**政治国家**"⑧，"政治国家在立法权中获得了自己最高的发展"⑨，正是立法权（通过等级要素）使"无机的群氓"纳入有机体，"**私人等级**在立

---

① Marx-Engels Gesamtausgabe. I/2，Text，Berlin：Dietz Verlag，1982，s. 61.

② 《马克思恩格斯全集》第 3 卷，人民出版社 2002 年版，第 59 页。

③ 《马克思恩格斯全集》第 3 卷，人民出版社 2002 年版，第 66 页。

④ 《马克思恩格斯全集》第 3 卷，人民出版社 2002 年版，第 63 页。

⑤ 《马克思恩格斯全集》第 3 卷，人民出版社 2002 年版，第 62 页。

⑥ 《马克思恩格斯全集》第 3 卷，人民出版社 2002 年版，第 63 页。

⑦ 《马克思恩格斯全集》第 3 卷，人民出版社 2002 年版，第 80 页。

⑧ 《马克思恩格斯全集》第 3 卷，人民出版社 2002 年版，第 112—113 页。

⑨ 《马克思恩格斯全集》第 3 卷，人民出版社 2002 年版，第 116 页。

法权的**等级**要素中获得**政治意义**"①。马克思进一步评论说，立法权是现代政治国家体现为形式主义的关键因素，"**选举**构成现实市民社会的最根本的政治利益"②，"'**立法**'权之所以是人们追求的对象，不是由于它的**内容**，而是由于它那**形式上的政治意义**"③，立法权还有"**代表的、抽象政治的职能**"④，立法权恰恰是在与行政权的冲突及在这种冲突中显示其政治性。在马克思看来，立法权就像照妖镜，国家的各环节（私有财产即社会的私人、等级差别、政府、王权）都显现出其类本质（真理）。

但黑格尔真正突出的是行政权，因为在立法权方面黑格尔也掺杂了许多行政权的因素，包括"立法权的**政府要素**和**等级要素**"，以及上院的土地贵族。正是通过凸显行政权，黑格尔构想的国家职能才能得以实现。马克思对黑格尔的这种改良主义做法进行了严厉批判，明确指出立法权完成的是"普遍的革命"，行政权完成的是"细微的革命"⑤，强调"必须使宪制的实际承担者——人民成为宪制的原则"⑥。人民⑦ = 类意志，宪制是"人民意志的现实表现"⑧，宪制是理性意志的普遍规定。"在这种情况下，作为**代表**机关的**立法**权就完全失去了它的意义"⑨，政治国家不再是总体，就成为"作为人民的整体存在的国家"⑩。

① 《马克思恩格斯全集》第 3 卷，人民出版社 2002 年版，第 86、88 页。
② 《马克思恩格斯全集》第 3 卷，人民出版社 2002 年版，第 150 页。
③ 《马克思恩格斯全集》第 3 卷，人民出版社 2002 年版，第 148 页。
④ 《马克思恩格斯全集》第 3 卷，人民出版社 2002 年版，第 149 页。
⑤ 《马克思恩格斯全集》第 3 卷，人民出版社 2002 年版，第 107、73 页。
⑥ Marx-Engels Gesamtausgabe. I/2, Text, Berlin: Dietz Verlag, 1982, s. 61.
⑦ 《莱茵报》时期，马克思所谓"人民"更多与作为弱势群体的穷人相联系。但在《黑格尔法哲学批判》中，马克思的"人民"有两种含义。一是包括市民与公民的人民，二是未来"人的社会"中的人民。此处马克思所说的"人民"是第二种含义。
⑧ 《马克思恩格斯全集》第 3 卷，人民出版社 2002 年版，第 73 页。
⑨ 《马克思恩格斯全集》第 3 卷，人民出版社 2002 年版，第 148 页。
⑩ 《马克思恩格斯全集》第 3 卷，人民出版社 2002 年版，第 98 页。

马克思指出，等级要素（代表）是"立法权中的市民社会"①（相对于立法权中代表政府的行政权）。在等级代表这一层，黑格尔设计了两个等级。第一个是农民等级（特别是贵族土地占有者），这是市民社会的第一等级（不动的部分）。农民等级"是等级要素的独立部分"②，是天赋的立法等级。第二个是产业等级，即市民社会的第二等级（流动的部分），由它产生民选（被同业公会委派）议员，是议员要素。等级代表参加等级会议。按照黑格尔的设计，等级会议既具有立法功能，也具有议政功能，总之具有政治意义，是人民参政（政治性）的体现。但在马克思看来，黑格尔的等级要素是"一种纯粹的奢侈品"③。在这两个等级中，黑格尔对地产贵族寄予很大期望，因为地产贵族是无依赖性的私人（相对而言普遍等级和产业等级都具有依赖性），最能体现黑格尔关于国家普遍性的理念。不过正如马克思所批判的那样，这里黑格尔太过经验性了，丧失了其固有的理想性。因为按照黑格尔"国家是自由（自由意志）的最高定在"的理念，从市民到公民的转变（恰如卢梭所谓"社会人"向"道德人"的转变），就是市民不断扬弃其特殊性而逐渐走向公民普遍性的过程，也就是个体从任性自由走向理性自由的过程。这是一个公民素质不断提升的自觉过程，国家的普遍性靠公民素质的提升来保证，而不是靠地产贵族出生的自然性（无依赖性）来保证。当然，这里也不排除马克思在批判黑格尔时放大了黑格尔国家哲学理论错误（或保守性）的因素。④ 实际上，黑格尔以

---

① 《马克思恩格斯全集》第3卷，人民出版社2002年版，第114页。

② 《马克思恩格斯全集》第3卷，人民出版社2002年版，第118页。

③ 《马克思恩格斯全集》第3卷，人民出版社2002年版，第80页。

④ 青年马克思在与理论对手（如鲍威尔、蒲鲁东、施蒂纳）进行论战（包括对黑格尔进行批判）时，经常存在"攻其一点不及其余"的偏颇之处，这就需要研究者在进行马克思文本解读时非常小心。比如马克思一方面明确指出黑格尔的君主是立宪君主，另一方面又对黑格尔的君主大加批判，给人的感觉，似乎在马克思眼里黑格尔的君主是绝对主义政体下的专制君主。造成这种误读，除了黑格尔思想本身的复杂乃至含混（也不排除黑格尔故意为之），也与马克思批判黑格尔时用力过猛有关。但研究者必须头脑清晰，要能破除各种迷雾，抓住马克思思想的实质。

"出生"来规定君主和长子继承权，也并不是完全没有道理。黑格尔一方面坚持其理想性（国家是公意，即个体自由意志从特殊上升到普遍），同时又力图使其具有可行性（现实性）。而马克思则更多具有理想性。①

关于第四层的市民社会，黑格尔强调的是同业公会的作用。黑格尔谈到市民社会中"共同的特殊事务"，谈到同业公会"把国家看作是维护特殊目的的工具"，"因特殊领域的合法权益而产生的同业公会精神，本身转变为国家精神"②。黑格尔也希望"市民生活和政治生活不分离"③，但同时又"使**等级要素**变成**分离**的表现"，"市民社会各等级本身同时构成立法社会的**等级**要素"④。现实的市民就处于官僚组织和社会组织（市民组织即同业公会）之中，也就是说，现实的市民可能成为官员，也可能进入社会组织，从而体现出其作为公民的政治性。马克思把同业公会比喻为"市民社会的国家"，而把官僚政治比喻为"国家的市民社会"⑤，因为官僚组织和同业公会都是以普遍性面目出现的特殊性。

黑格尔的国家哲学建立在保存市民社会（但扬弃市民社会的利己主义精神）的基础之上，为此黑格尔设计了复杂的政治国家结构，特别是官僚政治。马克思对官僚政治深恶痛绝，也深受其害，这从他《莱茵报》时期就对官僚政治（特别是书报检察官）的严厉批判中可以

---

① 当然，在实现共产主义方面，马克思在革命实践中也一步步走向可行性，比如从主张国家消亡到提出无产阶级专政过渡时期，从而避免无政府主义陷阱；从毕其功于一役的共产主义革命乃至"不断革命论"到反对制造革命；《哥达纲领批判》将共产主义划分为第一阶段和高级阶段。但总体来看，马克思的理想性要大于黑格尔。马克思是一个革命家，而黑格尔是一个改良主义者。

② 《马克思恩格斯全集》第3卷，人民出版社2002年版，第54页。

③ 古希腊城邦市民生活与政治生活的不分离，是黑格尔的政治理想。不过黑格尔具有现实精神，他直面现代社会市民生活与政治社会相分离的现实，并力图设计出扬弃这种分离最终走向重新统一的政治理念。

④ 《马克思恩格斯全集》第3卷，人民出版社2002年版，第93页。

⑤ 《马克思恩格斯全集》第3卷，人民出版社2002年版，第58页。

看出来。如果说在《莱茵报》时期马克思还是把政府与国家区分开来，在《黑格尔法哲学批判》中马克思则把政府与政治国家看成一回事，而只是把政治国家与国家本身（物质国家）作了区分。在黑格尔那里，好的官僚政治（就如今天我们常说的"善治"）是政治国家必不可少的中介环节，也是黑格尔改良主义的重要内容。而在马克思这里，铲除官僚政治是他批判黑格尔国家哲学的起点。因此，对待官僚政治的态度，是马克思与黑格尔国家哲学的根本分歧所在。马克思明确提出，铲除官僚政治"只有**特殊**利益在实际上成为**普遍利益**时才有可能"①。因此，铲除官僚政治就必须从根本上消灭市民社会本身，也就是废除私有财产。而废除私有财产，是当时共产主义（特别是法国共产主义）的一般特征。得出废除私有财产的结论，是马克思走向共产主义的标志。当然，马克思《黑格尔法哲学批判》中的共产主义，不同于当时法国流行的共产主义，因为马克思的共产主义是以哲学为基础，换句话说，马克思试图从哲学上对消灭私有财产的共产主义进行论证。

　　近年来，马克思《黑格尔法哲学批判》中的"真正的民主制"思想越来越受到国内外学者的关注。最早关注到马克思"真正的民主制"思想的是德拉－沃尔佩的《卢梭和马克思》。德拉－沃尔佩主要是从马克思与卢梭的关系角度强调马克思的"真正的民主制"思想，这样就只是把马克思解读成雅各宾派的激进民主主义者，马克思的共产主义思想尚未进入德拉－沃尔佩的视域之中。拉宾在《马克思的青年时代》一书中注意到"真正的民主制"就是马克思的共产主义思想，但这一观点迄今没有引起研究者的重视。国内学者近期对马克思"真正的民主制"思想的解读仍然存在误读，甚至将"真正的民主制"等同于资产阶级的普选制（类似英国宪章运动的主张）。当然，马克思个人表述上的不统一（比如有时以"民主制"指代"真正的民主制"），也是导

---

① 《马克思恩格斯全集》第3卷，人民出版社2002年版，第61页。

致研究者误读的一个因素。代议制民主肯定不是马克思所谓"真正的民主制",但卢梭所谓"直接民主"① 也与马克思的"真正的民主制"有根本区别。前者仍然以政治国家的存在(共和制)为前提,是全体人员都单个地直接参与;后者以国家消亡为前提,是单个人作为全体人员参与:"'单个人'是作为'全体人员',即在社会的范围内并作为社会成员参与**普遍事物**的讨论和决定。不是全体人员单个地参与,而是单个人作为全体人员参与。"② 马克思还进一步指出:"作为类活动的任何特定的社会活动都只代表类,即我固有的本质中的某种规定",即"每个人都是另一个人的代表",而"他之所以是代表,不是由于他所代表的其他某种东西,而是由于他**就是**他和由于他所**做**的事情"③。真正的民主制是市民社会与政治国家(政治社会)在经历了从传统共同体分离的历史阶段之后,又重新走向统一。不过这种统一既不是统一于黑格尔的理性国家,更不是统一于市民社会,而是统一于"人的社会":"这种抽象之完成同时也就是抽象之扬弃","在**抽象的政治国家**的范围内要求这个国家**解体**,但同时也要求**市民社会解体**"。④

马克思在《黑格尔法哲学批判》之后就没有再用"真正的民主制"⑤ 概念,在随后的《德法年鉴》两篇论文中改用了"人的解放"的说法。马克思在《1844年经济学哲学手稿》中首次肯定了共产主义(社会主义)。但这并不能说明马克思此前的思想尚未达到共产主义。马克思在1843年《黑格尔法哲学批判》中已经转向哲学共产主义,这一点不但有恩格斯说法的旁证,而且可以从我们对《黑格尔法哲学批判》文本的思想考察中得到确证。

马克思《黑格尔法哲学批判》中不仅得出了哲学共产主义的结论,

① 它以古代城邦为原型。
② 《马克思恩格斯全集》第3卷,人民出版社2002年版,第145页。
③ 《马克思恩格斯全集》第3卷,人民出版社2002年版,第148页。
④ 《马克思恩格斯全集》第3卷,人民出版社2002年版,第150页。
⑤ 这也反映了马克思此时对于"向何处去"的问题尚不明朗。

而且首次出现了"革命""暴力"① 思想，这与马克思《莱茵报》时期相对温和②的立场有所区别，也不同于法国当时的共产主义思潮。总体来看，马克思此时的激进革命立场，是受了鲍威尔的影响。鲍威尔当时正在研究法国大革命，推崇法国革命特别是雅各宾派的激进革命。马克思到了巴黎之后，在写作《1844 年经济学哲学手稿》之前，有一个研究和写作《国民公会史》的计划，就是很好的证明。但马克思此时的革命共产主义，已经与鲍威尔的激进（革命）共和主义以及卢格的激进自由主义走在了不同的道路上，马克思与鲍威尔及卢格分道扬镳已经是迟早的事。

余　论

从特殊到普遍并非易事。因此黑格尔设计了两条路径。一是个体从市民到公民的素质逐步提升，这一过程伴随着国家自上而下的教化和思想教育（包括对官僚阶层的思想教育）。显然，这一路径的实现（克服利己主义的路径）非常困难。二是以长子继承权的农民等级为政治保证。农民等级或地产贵族的财产具有无依赖性，从而具有天然的普遍性。③ 显然，正如马克思所批判的那样，黑格尔的这种政治制度设计是反动的，是与现代社会格格不入的。

如果个体无法从特殊性上升到普遍性（无法有效形成社会共识），就会出现社会撕裂，这正如当今的美国社会以及罗马帝国晚期所表现的那样。在一个没有共识的社会，民主制度（特别是代议制民主制）就显得束手无策，甚至会适得其反。那么导致社会撕裂的根本原因是什么呢？种族问题、文化问题（亨廷顿所谓"文明的冲突"）都是其重

---

① 《马克思恩格斯全集》第 3 卷，人民出版社 2002 年版，第 72 页。

② 相比马克思，青年黑格尔派的柏林"自由人"团体更为激进和不妥协。

③ "国家的**政治无依赖性**。"《马克思恩格斯全集》第 3 卷，人民出版社 2002 年版，第 133 页。

要原因，但最根本的还是马克思所强调的私有财产问题。种族问题、文化问题都可以通过交流和对话得以弥合，但由于私有财产所导致的利益和阶级冲突，即使是在同一民族、同一文化（首先是宗教）传统的国家，也很难有效实现从特殊到普遍的过渡（当然，在不同时期这种过渡的难度也会有所不同）。因此，康德倡导的绝对律令是苍白的，黑格尔倚重的历史过程是改良主义的（从而是治标不治本的）。消灭私有财产的共产主义社会也许不能马上解决从特殊到普遍的问题（特别是由于禀赋差异而导致的各种冲突），但它毕竟为解决社会撕裂提供了前提和社会基础。随着私有财产的消灭，随着低欲望社会的到来，通过"不是全体人员单个地参与，而是单个人作为全体人员参与"的真正民主制，一个自由人联合体的社会就有可能到来。

六　马克思对西方近代政治哲学权利范式的超越*

马克思的共产主义理念有四个显著特征：消灭私有财产、政治国家消亡、无产阶级革命主体、超越权利范式。马克思的政治国家消亡和消灭私有财产思想已经在《黑格尔法哲学批判》中得到体现，无产阶级作为共产主义革命的物质力量（"武器的批判"）这一思想，是《〈黑格尔法哲学批判〉导言》的主题。而超越权利范式，就是《论犹太人问题》的主基调，并在后续的《1844年经济学哲学手稿》中得到强化。

马克思共产主义理念的上述四个显著特征，集中体现为"美好生活"①。马克思没有在现代共和主义意义上使用"共和主义"一词，但这并不妨碍人们以现代共和主义的视角来解读包括黑格尔、鲍威尔以及马克思、恩格斯在内的德国思想家的政治哲学。同理，马克思没有用"美好生活（good life）"的概念来描述共产主义社会，但这并不妨碍我们从美好生活的视角来解读马克思的共产主义理想。马克思的"美好生活"思想在《1844年经济学哲学手稿》中得到集中体现，但它也是马克思成熟时期共产主义思想的核心内容。

＊　本章参见鲁克俭《马克思对权利范式的超越》，《马克思主义与现实》2022年第1期。

①　通常的提法是"人的解放"。但笔者认为"人的解放"只是马克思在《德法年鉴》时期使用的概念，真正体现马克思共产主义理念的是"美好生活"，尽管马克思并没有明确使用过"美好生活"这一德性伦理学的概念。

以"美好生活"来概括马克思的共产主义思想，其学术背景在于桑德尔与罗尔斯之争。基于对功利主义的批评，罗尔斯的正义论主张"权利优先于善"，而桑德尔则对罗尔斯的主张给予了针锋相对的批评。所谓"权利"有两种，一是个体权利，二是集体（共同体）权利。从个体权利转向集体权利，就像从私有财产转向集体财产一样，仍然可能是权利优先。所谓"善"有三种，一是个体善，二是公共善，这两种都属于功利主义善。第三种善是亚里士多德德性论传统的善，强调人的潜能的发展和自我实现。如果说桑德尔的社群主义是强调公共善，麦金太尔的社群主义则强调德性善。实际上，要想在反对"权利优先于善"的同时而不落入功利主义的窠臼，就必须将功利主义的善转换成德性善。需要指出的是，社群主义虽然反对权利优先于善（特别是强调权利独立于善），但并不反对权利本身，而是主张权利与善是相关的，因此仍然没有真正跳出权利话语和权利范式。

关于"美好生活"的提法，宾夕法尼亚大学布鲁德尼教授在其《马克思告别哲学的尝试》一书中作了深入探讨。[①] 笔者也曾在《光明日报》（理论版）发表一篇短文《"好生活"与中国梦》[②]。尽管布鲁德尼对"美好（善）"的强调并非受到麦金太尔的影响[③]，但二者的相通却是非常明显的。笔者对此的理解是，布鲁德尼和麦金太尔都是在罗尔斯正义论的大背景下思考问题的[④]。罗尔斯凸显了权利与善的对立，并强调康德意义上的权利。[⑤] 但意外的结果却是导致人们把目光投向古

---

① 参见［美］丹尼尔·布鲁德尼《马克思告别哲学的尝试》，陈浩译，中国人民大学出版社2019年版。

② 鲁克俭：《"好生活"与中国梦》，《光明日报》2013年5月7日理论版。

③ 笔者多次当面向布鲁德尼求证他的"美好生活"概念与麦金太尔德性伦理学的关系，他都明确回答说没有任何关系。

④ 罗尔斯是布鲁德尼的博士导师。

⑤ 康德的"人是目的"这一绝对命令强调的是人的权利至高无上，这尤其体现在所谓"电车困境"问题中。

典时代，从而亚里士多德传统的人类幸福①和善（自我实现）重新得到重视和强调，罗尔斯的"权利优先于善"被翻转。

（一）人权批判：马克思从政治批判走向市民社会批判的关节点

近年来，随着马克思主义政治哲学研究的火热，马克思早期政治批判的话题频繁被研究者论及。但因为对马克思早期整体思想发展把握的失准，关于马克思的"政治批判"存在许多误读。马克思早期思想经历了宗教异化批判（《博士论文时期》）、政治异化批判（《黑格尔法哲学批判》时期）、经济异化批判三个阶段。政治异化批判也可以说是马克思的"政治批判"。② 经济异化批判始于《论犹太人问题》③，集中阐发在《1844 年经济学哲学手稿》。经济异化批判的实质是市民社会批判。④ 马克思对市民社会的批判和解剖是一个长期的过程。《黑格尔法哲学批判》中马克思的重心是政治批判，具体来说是对政治国家的批判，从而彻底告别了此前共和主义时期的国家崇拜。当然，马克思《黑格尔法哲学批判》中对政治国家的批判，已经触及对市民社会的否定和批判。在《论犹太人问题》中，马克思不再是抽象地批判人权

---

①　英语文献中亚里士多德的"幸福（eudaemonia）"一词被翻译为 flourishing。因此把"human flourishing（人类幸福）"译成"人类繁荣"就走偏了。

②　马克思自己在《〈黑格尔法哲学批判〉导言》中说，他进行的是对副本而非原本的批判。比如马克思在《黑格尔法哲学批判》中是对副本（黑格尔法哲学）的批判，而非对原本（现在政治国家）的批判。同样道理，马克思在《1844 年经济学哲学手稿》中是对副本（国民经济学）的批判，而非直接对原本（市民社会）的批判。但如果不太较真的话，也可以说马克思分别进行了政治批判和市民社会批判，毕竟马克思在这些文本中涉及对原本的批判（比如对官僚制的批判、对异化劳动的批判等）。

③　关于马克思《论犹太人问题》与赫斯《论货币的本质》的关系，参见鲁克俭《马克思早期文本中的几个文献学问题》，《杭州师范大学学报》（社会科学版）2013 年第 6 期。

④　马克思后来对市民社会的解剖比此时对市民社会的批判更进一步，完全进入经济学领域，不需要再借助"异化劳动"的概念（其实质上是一个哲学概念）。

（也就是说马克思对人权的批判并非仅仅政治批判），而是将人权置于市民社会之中。

赫斯对市民社会的批判早于马克思。① 赫斯对市民社会的批判主要集中在交往（指经济交换）异化上。马克思也有交往异化批判的思想，但这一思想发生在异化劳动批判之后。② 在《黑格尔法哲学批判》中，马克思主要从私有财产导致人的异化的角度对市民社会进行了批判。在《论犹太人问题》中，马克思进一步涉及人权问题。此时马克思已经意识到，资产阶级的人权首先是私有财产权，与公民权相关的政治权利反而是次要的因素（工具性因素）。这也正是洛克社会契约论的理论出发点。可以说，马克思《论犹太人问题》中对人权的批判，是他在《黑格尔法哲学批判》中对市民社会批判的逻辑延伸，进一步深化了市民社会中经济异化发生的机制，即私人与公民的分离。私人与公民的分离，导致人权与公民权的分野。对人权的批判（对人权与公民权分离的批判），是马克思对市民社会批判的强化版，标志着马克思正式从政治批判转向市民社会批判。换句话说，人权批判是马克思从政治批判走向市民社会批判的拐点。正是沿着市民社会批判的道路，马克思很快在《1844年经济学哲学手稿》中从人权批判进一步深入异化劳动批判。相应地，马克思开始了政治经济学研究③之旅，直到《资本论》时期。因此，应该把《论犹太人问题》看作马克思市民社会批判的人权批判阶段，而不能将其简单看作马克思的政治批判阶段。

---

① 参见赫斯发表在《二十一印张》上的《行动哲学》和《社会主义与共产主义》，以及1843年为《德法年鉴》所写但没能在《德法年鉴》上发表的《论货币的本质》。

② 主要体现在《1844年经济学哲学手稿》的片段中，以及《1844年经济学哲学手稿》之后的《穆勒摘要》中。

③ 马克思的人权批判虽然不是政治批判，但"权利"问题毕竟是标准的政治哲学话题。因此，马克思《论犹太人问题》中的人权批判，属于政治哲学（或法哲学）范畴。哲学、法学、历史学是马克思早期所擅长的领域，而经济学是马克思知识储备上的短板。正如大家公认的那样，从哲学、法学、历史学转向经济学，对于马克思的思想发展（特别是对共产主义的理论证成）具有决定性意义。从哲学共产主义走向科学共产主义，经济学研究（从而唯物史观的创立）是必经阶段。

这里有一个值得关注的细节，就是发生私人与公民的分离（也就是市民社会与政治国家的分裂）的历史时期问题。马克思在《黑格尔法哲学批判》中提到市民社会的产生是绝对主义君主制的产物："从**政治等级**到**市民等级**的真正转变过程是在**君主专制政体**中发生的"，"只有法国大革命才完成了从**政治**等级到**社会**等级的转变过程，或者说，使市民社会的**等级差别**完全变成了**社会**差别，即在政治生活中没有意义的私人生活的差别。这样就完成了政治生活同市民社会的分离"。①但在《论犹太人问题》中，马克思只是笼统地提到封建主义："政治解放同时也是同人民相异化的国家制度即统治者的权力所依据的旧社会的**解体**。政治革命是市民社会的革命。旧社会的性质是怎样的呢？可以用一个词来表述。**封建主义**。"②这里，马克思表达的意思是政治革命针对的是封建主义，而非绝对主义君主制。马克思还提到了封建社会："政治革命③**消灭了市民社会的政治性质**。它把市民社会分割为简单的组成部分：一方面是**个体**，另一方面是构成这些个体的生活内容和市民地位的**物质要素**和**精神要素**。它把似乎是被分散、分解、溶化在封建社会各个死巷里的政治精神激发出来，把政治精神从这种分散状态中汇集起来，把它从与市民生活相混合的状态中解放出来，并把它构成为共同体、人民的**普遍**事务的领域，在观念上不依赖于市民社会的上述**特殊**要素。""封建社会已经瓦解，只剩下了自己的基础——人，但这是作为它的真正基础的人，**即利己的人**。"④在《道德化的批评和批评化的道德》中，马克思又重新强调绝对主义君主制作为封建主义解体至政治革命（政治解放）完成之间的过渡时期⑤："市民一方面怎样

---

① 《马克思恩格斯全集》第 3 卷，人民出版社 2002 年版，第 100 页。
② 《马克思恩格斯全集》第 3 卷，人民出版社 2002 年版，第 186 页。
③ 马克思此处所谓政治革命是与政治解放对应的革命，最典型的如法国大革命。
④ 《马克思恩格斯全集》第 3 卷，人民出版社 2002 年版，第 187 页。
⑤ 佩里·安德森的《绝对主义国家的系谱》，就是依据马克思《道德化的批评和批评化的道德》有关绝对主义君主制的相关论述所作的历史学研究。

利用工商业从封建主的口袋里攫取金钱并通过期票使他们的地产化为泡影，而另一方面又怎样帮助君主专制战胜因此而被削弱的大封建主并为自己**买得**他们的种种特权；然后他们怎样利用君主专制本身的财政危机等等；后来甚至君主专制本身又怎样由于现代工商业的产物——国债制度而依附于股票大王；在国际关系方面工业垄断又怎样直接变成政治统治。"① "如果资产阶级实行阶级统治的经济条件没有充分成熟，要推翻君主专制也只能是暂时的。"② "君主制所扮演的暴虐、反动角色只是表明在旧社会的孔隙中形成了新社会，这种新社会必然也感到政治外壳（旧社会的天然外皮）是反自然的桎梏而必须撑破。"③显然，这里马克思明确提出，市民社会是绝对主义君主制创造出来的④，政治革命（政治解放）只是巩固了这一新社会，使其法治化（特别是人权的合法化），从而加速市民社会的繁荣和发展。但市民社会的发展必然导致政治革命（政治解放）和政治上的民主化转型，所谓资产阶级人权、自由、民主就最终得到确立（包括成为统治阶级的意识形态）。

马克思在《论犹太人问题》中对人权的批判，长期以来受到西方学者的批评。这种批评是基于对马克思辩证思想的误解。马克思批判人权，并不意味着马克思是想退回到封建主义或专制主义。这正如马克思批判资本主义，绝不意味着马克思要退回到前资本主义。在封建主义或专制主义践踏人权这一点上，马克思无疑是站在维护人权的立场上的。但马克思是共产主义者，他向前看而不是向后看。马克思对人权的批判与封建专制主义对人权的批判完全不能相提并论。实际上，面对封建专制主义，共产主义与资本主义是面对共同敌人的朋友。⑤ 马

---

① 《马克思恩格斯全集》第4卷，人民出版社1965年版，第333页。

② 《马克思恩格斯全集》第4卷，人民出版社1965年版，第332页。

③ 《马克思恩格斯全集》第4卷，人民出版社1965年版，第341页。

④ "二战"以后东亚威权主义政体（甚至军人政府）促进市民社会发展（当然是市民社会的畸形发展）和经济起飞，充分证明了马克思的历史洞察力。

⑤ 这不同于拉萨尔。拉萨尔为了反对资产阶级，宁愿无原则地与俾斯麦政府结盟。

克思对人权的批判，是以封建专制主义不再是威胁为前提的。对共产
主义者来说，仅仅有人权是远远不够的。人权只是政治解放的标配，
离人的解放还有很长的距离。从政治解放到人的解放，特别是美好生
活，必然意味着对人权的超越。此处我们有意使用"超越"一词，而
不是黑格尔式的"扬弃"概念。黑格尔的国家是对市民社会的扬弃，
实际上是以市民社会为基础，不过要扬长（国家的普遍性）避短（市
民社会的特殊性）。因此，对市民社会仅仅扬弃还是不够的，而且要进
一步超越市民社会。同样的道理，对人权不仅仅要扬弃，而且要从根
本上超越。

（二）消灭而非扬弃私有财产

前已阐明，在马克思看来，财产权是人权的重要内容，甚至可以
说，人权的实质是财产权。马克思实际上是从对私有财产的否定，进
一步走向对人权的否定。

那么，否定私有财产意味着什么？否定、消灭私有财产，并非像
人们通常所理解的那样，最后走向共同体（或社会）所有制，或者重
建个人所有制（个人财产权）。私有财产（或者说私有制）是一种抽象
的权利关系。所谓抽象的权利关系，重点不在于对具体什么东西（物）
的所有，而在于所有关系，即抽象人格与物的关系。如果抽象人格从
个体转变为共同体（或社会），它仍然是抽象人格。

马克思的共产主义（包括《1844 年经济学哲学手稿》时期的哲学
共产主义）不仅仅是消灭私有财产，更重要的是美好生活理想，即从
抽象人格（Person）到人（Mensch）的转变。① 我们知道，马克思在
《1844 年经济学哲学手稿》中批评了粗陋的共产主义。人们对于马克思

---

① 在黑格尔那里，也存在从抽象人格到人的转变这一主题。

批评贫穷形式的"粗陋的共产主义"比较有共鸣①，但对马克思批评另一种形式的粗陋共产主义（"起先它是作为**普遍的**私有财产出现的"，"在它的最初的形态中不过是私有财产关系的**普遍化**和**完成**"），基本上是无感的。马克思说：这种共产主义"是以双重的形态表现出来的：首先，**实物的**财产的统治在这种共产主义面前显得如此强大，以致它想把不能被所有的人作为**私有财产**占有的**一切**都消灭；它想用**强制的**方法把才能等等抛弃。在这种共产主义看来，物质的直接的**占有**是生活和存在的唯一目的；**工人**这个规定并没有被取消，而是被推广到一切人身上；私有财产关系仍然是共同体同物的世界的关系；最后，这个用普遍的私有财产来反对私有财产的运动是以一种动物的形式表现出来的：用公妻制——也就是把妇女变为**公有的**和**共有的**财产——来反对**婚姻**（它确实是一种**排他性的私有财产的形式**）"；"这种共产主义——由于它到处否定人的**个性**——只不过是私有财产的彻底表现，私有财产就是这种否定。普遍的和作为权力而形成的**忌妒**，是**贪欲**所采取的并且只是用**另一种**方式使自己得到满足的隐蔽形式。任何私有财产本身所产生的思想，**至少对于比自己更富足的**私有财产都含有忌妒和平均主义欲望，这种忌妒和平均主义欲望甚至构成竞争的本质"；"共同性只是**劳动**的共同性以及由共同的资本——作为普遍的资本家的**共同体**——所支付的**工资**的平等的共同性。相互关系的两个方面被提高到**想象的**普遍性：**劳动**是为每个人设定的天职，而**资本**是共同体的公认的普遍性和力量"。② 显然，在马克思这里，粗陋的共产主义只是简单地强调消灭私有财产，实际上仍然没有跳出财产的观念，没有认识到"自己是人向自身的还原或复归，是人的自我异化的扬弃"这个更为重要的维度，即人的维度。它是只见物不见人，就像现在中国有些人理解的社会主义仅仅是生产力的发展，陷入 GDP 崇拜中去了。

---

① 邓小平关于"贫穷不是社会主义"的说法已经深入人心。

② Marx-Engels Gesamtausgabe. I/2, Text, Berlin: Dietz Verlag, 1982, ss. 387、388.

　　马克思还批判了第二种共产主义，即从政治国家问题着眼的共产主义，包括保留政治国家的共产主义（如勒鲁、卡贝、布朗基及圣西门派①）和截然相反的废除国家的共产主义（如无政府主义者蒲鲁东）。这第二种共产主义只是消极看待私有财产，没有理解私有财产的积极本质，因此还受到私有财产的束缚和感染。这种共产主义的实质是强调人的维度（人向自身的复归），但没有认识到人向自身的复归不是直接的（就像费尔巴哈消除宗教异化一样），而是需要中介（私有财产的中介）。私有财产不仅仅是祸害，不仅仅是消极因素，它还是人向自身复归的必经之路。

　　私有财产何以是"人向自身复归"的必要历史阶段，这是马克思《1844 年经济学哲学手稿》笔记本Ⅲ（以下简称"笔记本Ⅲ"）着力阐发的主题。首先来看主奴辩证法。尽管英国马克思学者阿瑟质疑马克思《1844 年经济学哲学手稿》的文本写作受到黑格尔主奴辩证法的影响②，但我们还是认定马克思对象化思想的底层逻辑恰恰是主奴辩证法。如果说《1844 年经济学哲学手稿》笔记本Ⅰ（以下简称"笔记本Ⅰ"）主要是对异化劳动进行了道德批判（费尔巴哈式的异化批判逻辑），那么笔记本Ⅲ实际上将异化劳动置换成外化和对象化（劳动本身就是人的本质理论外化和对象化过程）。奴隶③的劳动当然是异化劳动。但此时异化劳动不再只是消极的、应被谴责的劳动，而是同时具有积极意义的劳动。奴隶通过劳动，将自身的本质力量对象化在劳动产品中，从而使自己的潜能得到发展（尽管是片面的发展④）。结果就是奴隶比主人先达到

---

　　①　圣西门派有极权主义的乌托邦色彩。

　　②　参见［英］克里斯托弗·阿瑟《黑格尔的主奴辩证法与马克思学的神话》，臧峰宇译，《马克思主义与现实》2009 年第 2 期。

　　③　奴隶只是比喻的说法，马克思后来将雇佣劳动称作现代奴隶劳动。在《精神现象学》中，黑格尔将劳动称为"**受到限制或节制的欲望，亦即延迟了的满足消逝**"。［德］黑格尔：《精神现象学》上卷，贺麟、王玖兴译，商务印书馆 1979 年版，第 130 页。

　　④　特别是在现代分工条件下。

自我意识。① 换句话说，如果没有劳动②，人的潜能就不可能得到发展。在伊甸园里的亚当和夏娃不可能成长③，他们必须堕落尘世，去流血流汗，去劳动④。与劳动相联系的是财富及对财富的占有，及私有财产。⑤因此，如果没有私有财产（从而没有劳动）作为中介，人的发展（人的潜能的发挥）就无从谈起。马克思表面上是在谈私有财产的起源问题（这是笔记本 I 的重要话题），但其实在笔记本 III 马克思的重心已经转向人的发展问题。⑥ 另一方面，即使许多学者关注到《1844 年经济学哲学手稿》中马克思关于私有财产起源的话题以及人性复归话题，但没有把"人性复归"与"人的自由全面发展"联系起来⑦，从而对马克思强调私有财产是人的发展的历史中介这一思想重视不够。即使关注到两者的关系，大都止步于分别考察这两个方面的内容。比如谈消

---

① 按照黑格尔《精神现象学》的论述，人获得自我意识有两条路径。第一条路径涉及人与人之间的关系。个体通过为承认而斗争获得自我意识。从这个意义上说，"主人"就具有自我意识。但"奴隶"也可能是曾经的"主人"，只是因为战败而沦为奴隶。第二条路径涉及人与自然的关系。个体通过改造自然，在劳动产品中观照到自己本质力量的对象化，从而确证了自我意识。近来人们很重视个体"为承认而斗争"获得自我意识这条路径（受霍耐特影响），而对第二条路径关注不够（尽管近来国内关于主奴辩证法有不少论文发表）。

② 在成为人的第一需要之前，任何劳动（包括谋生的劳动）都可以被看作奴隶劳动。

③ 现在中国的"巨婴"现象，就是父母包办一切，因此剥夺了作为小太阳的孩子成长的机会。人只有在"痛并快乐"的活动（包括劳动）中才能成长（包括心智发展）。

④ 《旧约》创世纪三 17—19 有云："你要终生辛劳才能生产足够的粮食"，"你得汗流满面才吃得饱"。

⑤ 洛克明确提出了劳动财产权理论。可以认为，马克思在写作笔记本 III 时心中想着洛克的劳动财产权理论。当然，黑格尔《法哲学原理》也是以此理论为基础的（当然也有差异）。

⑥ 人的发展问题在笔记本 I 的最后已经引起了马克思的关注："我们把**私有财产的起源**问题**变为外化劳动**对人的发展进程的关系问题，就已经为解决这一任务得到了许多东西。"《马克思恩格斯全集》第 3 卷，人民出版社 2002 年版，第 279 页。

⑦ 一个著名的说法是将"人性复归"与马克思的所谓"价值悬设"联系起来。其实，在笔记本 III 中并不存在所谓"价值悬设"。作为第一个否定的起点的"人"，是婴儿状态（或伊甸园）中的人。它并非纯粹作为历史存在（比如原始社会）的人，也非笔记本 I 中道德批判的"价值悬设"。它类似于人的尚未被世俗污染的"初心"，正如马云强调做教师的初心一样。"初心"是一种实然状态，而非应然的道德理想。

灭私有财产，就没有把消灭私有财产与人的发展联系起来，只是将公有财产（社会所有制）看作消灭私有财产的必然结果。甚至有学者不断强调马克思《资本论》中的"重建个人所有制"，这更是与马克思强调人的发展南辕北辙。另一方面，许多考察马克思人的自由而全面的发展思想的论者，常常围绕"人的自由发展"打转，就人的自由发展谈人的自由发展，而忘记了人的自由发展不仅仅是理想，它不是天上掉下来的，而是历史发展（特别是私有财产发展）的产物。马克思《1844 年经济学哲学手稿》强调私有财产是人的发展（"人性复归"）的中介，与《政治经济学批判大纲》中强调人的发展三形态是一脉相承的。①

对"私有财产的扬弃"与"人的自我异化的扬弃"的关系，国内研究者之所以一直存在误解，主要是译文的误读导致的。② 这句话的德文原文是 "Der *Kommunismus* als *positive* Aufhebung des *Privateigentums*, als *menschlicher Selbstentfremdung* und darum als wirkliche *Aneignung* des *menschlichen* Wesens durch und für den Menschen." 英文版译文是 "*Communism* as the *positive* transcendence of *private* property as *human self-estrangement*, and therefore as the real *appropriation* of the *human* essence by and for man." 私有财产意味着人的自我异化，但私有财产的扬弃并不等于人的自我异化的扬弃。因为私有财产的扬弃之后仍然是财产，只不过是公有财产。而人的自我异化的扬弃的结果是人性复归（对人的本质的真正占有），一个是物的维度，一个是人的维度。

消灭私有财产只是走向马克思心目中的共产主义的中介环节。马克思倡导的是第三种共产主义。这种共产主义不仅仅要消灭私有财产，还要否定财产本身，即消灭关于物的权利观念。这是马克思共产主义

---

① 人对物的依赖对应于资产阶级私有财产的产生和发展，人的自由个性对应于人性复归。

② 关于该段译文的翻译和理解问题，参见鲁克俭《唯物史观"历史性"观念的引入——马克思〈1844 年经济学哲学手稿〉中"异化"概念新解》，《哲学动态》2015 年第 6 期。

（社会主义）深层次的含义，但迄今人们还没有真正理解这一点，于是要么得出共产主义意味着公有制的结论，要么只是重复马克思关于"人性复归"的说法，而没有把握"人性复归"的真义。

（三）共产主义：超越权利观念

在马克思看来，广义的人权（德文 Menschenrecht）包括公民权（德文 Staatsbürgerrecht，法文 droits du citoyen）和狭义的人权（法文 droits de l'homme）。公民权是政治权利，"是与别人共同行使的权利。这种权利的内容就是**参加共同体**，确切地说，就是参加**政治**共同体，参加**国家**"①。它属于政治自由的范畴。而狭义的人权（droits de l'homme）就是"人"（法文 homme）的权利。所谓"人"，是市民社会中的人，即私人，它是"**非政治的**人，必然表现为**自然人**"②，因此人权表现为自然权利。显然，马克思对人权的批判，直指自然权利本身，也就是明确针对霍布斯以来的西方近代政治哲学传统。

马克思对人权持否定态度，那么对公民权呢？这涉及马克思怎样对待"权利"本身。在《论犹太人问题》中蕴含了这一问题，在马克思后来的著作特别是晚年的《哥达纲领批判》中则明确提出了这一问题。在《德意志意识形态》中，马克思说："至于谈到权利，我们和其他许多人都曾强调指出了共产主义对政治权利、私人权利以及权利的最一般的形式即人权所采取的反对立场。请看一下'德法年鉴'，那里指出特权、优先权符合于与等级相联系的私有制，而权利符合于竞争、自由私有制的状态（第 206 页及其他各页）；指出人权本身就是特权，而私有制就是垄断。其次，那里对法〔权利〕的批判是与对德国哲学的批判联系在一起的，并且这种批判是从对宗教的

---

① 《马克思恩格斯全集》第 3 卷，人民出版社 2002 年版，第 181 页。
② 《马克思恩格斯全集》第 3 卷，人民出版社 2002 年版，第 188 页。

批判中得出的结论（第72页）；同时，那里直接地强调指出：那些似乎一定能导向共产主义的法律上的公理，都是私有制的公理，而共同占有权是私有财产权的想像中的前提。"① 在《哥达纲领批判》中马克思明确提出"权利"是一个历史范畴："权利决不能超出社会的经济结构以及由经济结构所制约的社会的文化发展。"在此之前，马克思的共产主义设想已经彻底告别了权利范式，只是没有明确表达出来而已。②

　　自《罗尔斯》正义论出版之后，正义问题成为国际学界的热点。近代西方自由主义正义观（权利优先）与传统正义观（强调公共善）的分野，随着社群主义（或译为共同体主义）与自由主义的论争而得到凸显。很难说社群主义与马克思的共产主义有多大的亲缘关系（特别是社群主义对共同体价值的过分强调很容易导致个体自由受到共同体的压制），但社群主义确实凸显了近代西方自由主义所固有的权利范式及其限度。当代西方学者（特别是分析马克思主义学者）关于马克思正义问题的论争，也越来越多地涉及马克思是否批判权利本身的话题。大卫·利奥波德在《青年马克思》一书中对此论争有一个概述。按照利奥波德的说法，凯·尼尔森认为马克思"极度不屑"提道德权利③；佩弗和卡因则认为，马克思不仅反对资产阶级权利，而且激进地批判任何权利④；在布坎南那里，《论犹太人问题》被认为是对权利概念的攻击⑤。利奥波德反对以

① 《马克思恩格斯全集》第 3 卷，人民出版社 1960 年版，第 228—229 页。

② 《马克思恩格斯文集》第 3 卷，人民出版社 2009 年版，第 434—435 页。马克思《资本论》中的剩余价值学说无疑是以工人的自我所有制（或所有权）为基础的。但这是马克思以子之矛攻子之盾（就像李嘉图社会主义者一样），而且剩余价值学说是基于资本主义社会。即使是在共产主义第一阶段，权利仍然存在。马克思谈到按劳分配时强调，"在这里平等的权利按照原则仍然是资产阶级的法权"。

③ 参见 Kai Nielsen, *Marxism and the Moral Point of View*: *Morality, Ideology, and Historical Materialism*. Boulder, Colo.: Westview Press, 1989, p. 245。

④ 参见 Rodney G. Peffer, *Marxism, Morality and Social Justice*. New Jersey: Princeton University Press, 1990, p. 324; Philip J. Kain, *Marx and Ethics*. Oxford&New York: Clarendon Press, 1988, p. 75。

⑤ 参见 Allen E. Buchanan, *Marx and Justice*: *The Radical Critique of Liberalism*. Lanham: Rowman & Littlefield Publishers, 1982, pp. 67–68。

上四位学者的观点，而赞同科亨的看法。科亨认为，马克思的确认同道德权利，尽管他本人没有意识到这一点。① 利奥波德明确提出："青年马克思关心的不是一般意义上的权利而是两种特定范畴的权利。"② 我们认为，利奥波德对此观点的论证③是站不住脚的。而科亨正是基于马克思认同道德权利，而认定马克思的自我所有制（权）理论仍然囿于资产阶级眼界。这显然是对马克思的误解。④

马克思在自由主义阶段（《博士论文》时期）曾大力主张个体权利。在共和主义阶段（《莱茵报》时期），马克思像卢梭和黑格尔一样，力图将个体权利与公共善（普遍性）相协调。但面对私有财产问题，马克思这种协调个体权利与公共善的努力遇到难以克服的理论难题。⑤ 到《黑格尔法哲学批判》，我们甚至发现马克思以讽刺的口吻谈论"天赋权利"问题。自《论犹太人问题》以后，马克思不但告别了自由主义（《黑格尔法哲学批判》确立了哲学共产主义），而且釜底抽薪，矛头直接对准了自由主义的理论硬核即"权利范式"。共产主义不仅仅在具体观点上与自由主义、共和主义针锋相对，而且实现了政治哲学范式的彻底转换。可以说，在共产主义（这里指共产主义高级阶段）社会，随着新的历史阶段的到来，权利观念已经在人的头脑中消失。

---

① 参见 G. A. Cohen, "Review Work（s）: Karl Marx. by Allen Wood", *Journal of Mind*, New Series, Vol. 92, No. 367, July 1983, p. 443。

② ［英］大卫·利奥波德：《青年马克思——德国哲学、当代政治与人类繁荣》，刘同舫、万小磊译，中山大学出版社 2017 年版，第 155 页。

③ 参见［英］大卫·利奥波德《青年马克思——德国哲学、当代政治与人类繁荣》，刘同舫、万小磊译，中山大学出版社 2017 年版，第 156—161 页。

④ 参见鲁克俭《马克思是否关注分配正义——从"按需分配"的中译文谈起》，《马克思主义理论学科研究》2020 年第 2 期。

⑤ 参见鲁克俭《试论马克思〈莱茵报〉时期的共和主义思想》，《现代哲学》2019 年第 1 期。

七　马克思在《神圣家族》和《关于费尔巴哈的提纲》中的哲学共产主义及其证成[*]

哲学共产主义是指以哲学为基础的共产主义理念。从哲学共产主义的确立（《黑格尔法哲学批判》）① 到科学共产主义的出场（《德意志意识形态》）②，马克思经历了漫长（两年多）的思想跋涉。这一过程涵盖了《德法年鉴》的两篇论文、《1844 年经济学哲学手稿》、《神圣家族》、《提纲》等马克思青年时期的重要文本。本书旨在表明，马克思在《神圣家族》和《提纲》中仍然处于哲学共产主义阶段，但马克思在《神圣家族》和《提纲》中试图以不同的进路对自己的哲学共产主义理念进行哲学论证。

（一）《神圣家族》中的"人"

在《神圣家族》中，马克思大量使用名词 Mensch（人）和其形容词 menschlich。马克思在《神圣家族》中谈到"作为人的各种需要

---

* 本章参见鲁克俭《马克思在〈神圣家族〉和〈关于费尔巴哈的提纲〉中的哲学共产主义及其证成》，《中国社会科学院大学学报》2022 年第 4 期。

① 参见鲁克俭《马克思〈黑格尔法哲学批判〉中哲学共产主义的确立》，《马克思主义理论学科研究》2021 年第 4 期。

② 《德意志意识形态》中共产主义思想（特别是其美好生活理念）建基于马克思的第一个科学发现，即唯物史观。由于马克思在《德意志意识形态》中明确提出"消灭哲学"，所以唯物史观也已经不再是哲学。

（Bedürfnisse als Menschen）"，谈到"使人成其为人（der Mensch zum Menschen werde）"。中译文大多将 menschlich 翻译为"符合人性的"。这种翻译是符合文本语境的，也与《1844 年经济学哲学手稿》中的译文相互照应。在《1844 年经济学哲学手稿》中，中译文也是做类似处理的（将其译为"合乎人性的"）。马克思 menschlich 一词的使用，与这一时期他的"人的本质及其自我异化"思想密切相关。可以肯定的是，马克思在《神圣家族》中没有放弃异化思想，而且他此时对共产主义理念的证成总体来说也基于异化思想。许多研究者已经注意到，马克思在《神圣家族》中也提到了有产阶级的自我异化："有产阶级和无产阶级都表现为（darstellen）人的自我异化。但有产阶级在这种自我异化中感到自己是愉快的（wohl）和被确证的（bestätigt），它知道（weiß）这种异化是他**自身的力量**（ihre eigne Macht），并在这种异化中获得人的生存的外观。而无产阶级在这种异化中则感到自己是被毁灭的，并在其中看到自己的无力（Ohnmacht）和非人的生存的现实。这个阶级，用黑格尔的话来说，是在被唾弃状况下对这种唾弃状况的**愤怒**。这个阶级的**人性**（menschlichen Natur）与公开地、断然地、全面地否定这种人性的生活状况之间的矛盾，必定会把这一阶级推向这样一种愤怒。"① 但是，《神圣家族》中的异化与《1844 年经济学哲学手稿》中的异化有所不同，而这也会引向两种迥异的共产主义的证成进路。正如笔记本 I 与笔记本 II、笔记本 III 中的异化不同使得共产主义的证成进路有所不同一样。②

---

① 依据德语原文对中译文作了改动。原中译文是"有产阶级和无产阶级同是人的自我异化。但有产阶级在这种自我异化中感到自己是被满足的和被巩固的，它把这种异化看做**自身强大**的证明，并在这种异化中获得人的生存的**外观**。而无产阶级在这种异化中则感到自己是被毁灭的，并在其中看到自己的无力和非人的生存的现实。这个阶级，用黑格尔的话来说，就是在被唾弃的状况下对这种状况的**愤慨**，这个阶级之所以必然产生这种愤慨，是由于它的人类**本性**和它那种公开地、断然地、全面地否定这种本性的生活状况相矛盾"。《马克思恩格斯全集》第 2 卷，人民出版社 1957 年版，第 44 页。
② 笔记本 I 的共产主义证成进路是应然逻辑，笔记本 II、III 的共产主义证成逻辑是历史逻辑。

《神圣家族》中的异化与《1844 年经济学哲学手稿》中的异化有共同之处。两者都与人的本质（menschliches Wesen）有关。不过需要指出的是，即使在《1844 年经济学哲学手稿》中（特别是在笔记本Ⅲ中），马克思也逐渐地倾向于用人性（menschliche Natur）的说法来替代人的本质（或者不加区分地使用这两个概念）。迄今为止，这一点还尚未引起研究者的足够重视。实际上，马克思所谓人性（menschliche Natur），更多是在费尔巴哈强调"人的自然"的意义上使用的①，而人的本质则更多地与"人的类本质"相关，侧重于（但不限于）精神因素。在费尔巴哈关于人的类本质的三重规定性中，"理性""意志"这两个因素与精神（自我意识）关系更为密切，代表"头脑"；而"爱"更多与感性因素相关，代表"心脏"。马克思在笔记本Ⅲ中，一方面向黑格尔的否定之否定辩证法（唯心主义劳动—历史辩证法）靠拢，形成了唯物主义劳动—历史辩证法，并以此为基础对共产主义进行哲学证成（这有别于笔记本Ⅰ中基于应然逻辑的共产主义哲学证成）。另一方面，马克思向黑格尔辩证法的靠拢并不意味着对费尔巴哈的否定。马克思在笔记本Ⅲ中只是放弃了基于费尔巴哈宗教异化逻辑的劳动异化这一应然逻辑的证成进路，非但没有放弃费尔巴哈的自然唯物主义（强调人的肉体即受动性），而且强化了这种唯物主义倾向（这与马克思对黑格尔的唯心主义劳动—历史辩证法的改造同步）。

然而，《神圣家族》中的异化也与笔记本Ⅲ中的异化有差异。在使用"人性"概念的时候，马克思在《1844 年经济学哲学手稿》中仍然

---

① 马克思在《神圣家族》中也有类似的用法。比如，"这也就是基督教的手段：眼睛作恶就挖掉眼睛，手作恶就砍掉手，总之，肉体作恶就杀害肉体，因为眼睛、手、肉体对于人本来都只是多余的、罪恶的附属品。要治愈人性的疾病，就必须消灭人性（die menschliche Natur）"（《马克思恩格斯全集》第 2 卷，人民出版社 1957 年版，第 227 页）。这里，die menschliche Natur 其实就是"人的自然"。"人的力量"也更多是与人的自然（特别是人的感官）相关。

强调人的主体维度①，强调人的本质力量的异化②及其扬弃的历史辩证法。而人的本质力量的异化就是作为感性的对象性活动③的劳动本身。因此，《1844 年经济学哲学手稿》展示了马克思的唯物主义劳动—历史辩证法。然而，在《神圣家族》中，马克思使用人性（甚至人的本质）概念，更多强调的是作为关系（Verhältnisse，特别是经济关系）的现实（Wirklichkeit）或生活条件（Lebensbedingungen）、处境（Lage）、环境（Umgebung）、生活境遇（Lebenssituation）是非人性的（unmen-schliche，或译为"违反人性的"），是非人的境遇（entmenschten Lage）。在《神圣家族》中，环境是客观的社会存在④，是人自卑自贱的独立存在的产物，而非人的自由意志的产物（Werke，或译为作品）。马克思在这里强调合乎人性的活动（menschliche Tätigkeit，也可译为"人的活动"），强调人的本质的人性表现（menschlichen Äußerungen ihres Wesens）⑤。其重点在于，强调人的本性或人的本质力量（包括自然的和精神的力量两个方面）的自由发展（合乎人性地成长），强调反常地强制其人性自由发展⑥的环境就是非人性的（这种非人性表现为人的自卑自贱、自我排斥和自我异化），强调人完全可以符合人性地对待

---

① 马克思在笔记本 Ⅲ 中特别喜欢用人的"本质力量"（Wesenskräfte）一词。马克思把人的力量（特别是人的感官的感性力量）看作人的本质，相对于费尔巴哈仅仅强调"爱"这一唯物主义因素，又大大前进了一步。人的力量当然是主体性因素，它有一个人化的历史过程，可称为"人的自然"的人化，简称"人的自然化"，有别于"人化的自然"。人的自然化针对的是人的自然，人化的自然针对的是自然界。马克思在《1844 年经济学哲学手稿》中是把自然界看作"人的无机的身体"。

② 笔记本 Ⅲ 中异化大都与对象化、外化同义，是中性词。此处的异化指人的本质力量被使用和发挥（或表现）出来。

③ 即对象性本质（gegenstandliches Wessen）的外化。

④ 马克思指出，现代生活实践中的非人性的东西的最高表现就是货币制度。参见《马克思恩格斯全集》第 2 卷，人民出版社 1957 年版，第 141 页。

⑤ 与其相反的是"本质力量的变态（verkehrten，原意为颠倒）表现"或"有害（störenden，原意为妨碍）表现"。参见《马克思恩格斯全集》第 2 卷，人民出版社 1957 年版，第 227 页。

⑥ 与其相对的是对人的本质力量的人的（或符合人性的）塑造或教化。参见《马克思恩格斯全集》第 2 卷，人民出版社 1957 年版，第 227 页。

非人的环境。① 这里有一个对比：同样是人的本质（力量）的（自我）异化，对象化的产物（对象性的存在，即人创造的全部历史财富或广义的文化）在《1844 年经济学哲学手稿》中是对人的本质力量的确证即自我确证（Selbstbestätigung）②，而《神圣家族》中则是非人性的环境对人的摧残（强制）。而且，值得注意的是，在《神圣家族》中，当马克思谈及异化的"确证"作用时，他只是将其用在有产阶级身上。③由此可见，《神圣家族》中的自我异化，又回到笔记本Ⅰ，明显具有道德批判的含义。对于一个人而言，环境可能是其命运（Los），但这种不幸的命运是可以改变的。这样一来，在《神圣家族》中，马克思就从另一条进路出发，对哲学共产主义进行了证成。《神圣家族》中的进路显然与《1844 年经济学哲学手稿》中的进路——以人的自我异化（劳动异化或人的本质力量的异化）及其扬弃（即否定之否定）进行证成——不同。

---

① 马克思在这里还强调，人性地对待非人的环境就是善（Gute）（参见《马克思恩格斯全集》第 2 卷，人民出版社 1957 年版，第 216 页）。马克思此处的道德观，即善是人性（Natur）的自由（frei）表现（äußern）（参见《马克思恩格斯全集历史者证版》第一版Ⅰ/3，第 347 页），与《1844 年经济学哲学手稿》和《德意志意识形态》关于"美好生活"的理念一脉相承。"人性的自由表现"亦即"人的本质的人性表现"（《马克思恩格斯全集》第 2 卷，人民出版社 1957 年版，第 220 页）。马克思明确反对道德抽象（moralischen Abstraktionen），特别是基于所谓公平正义（特别是分配正义）的抽象道德观，主张一种基于亚里士多德德性伦理学传统的道德观，即关于"美好生活"的价值理想［参见鲁克俭《马克思的"美好生活"理念及其证成》，《兰州大学学报》（社会科学版）2021 年第 3 期］。这也是涉及"人的尊严（Menschwürde）"的道德观（《马克思恩格斯全集》第 2 卷，人民出版社 1957 年版，第 255—256 页）。

② 马克思笔记本Ⅲ中的"确证"说法，如"自我确证"以及"他的本质力量的表现（或译为活动）和确证（Betätigung und Bestätigung seiner Wesenskräfte）"等，也是没有引起研究者足够重视的重要思想。财富、广义的文化（包括私有财产、宗教、国家甚至科学）、工业都是如此。马克思明确指出："我们看到，工业的历史和工业的已经生成的**对象性的**存在，是一本**打开了的关于人的本质力量**的书，是感性地摆在我们面前的人的**心理学**。"《马克思恩格斯文集》第 1 卷，人民出版社 2009 年版，第 192 页。

③ 参见《马克思恩格斯全集》第 2 卷，人民出版社 1957 年版，第 44 页。

（二）《神圣家族》中的哲学共产主义证成

在《1844 年经济学哲学手稿》中，马克思有一个明显的从笔记本Ⅰ到笔记本Ⅱ、笔记本Ⅲ的主体性转向。在笔记本Ⅱ中，马克思依据古典经济学的原理，明确提出"资本＝积累的劳动＝劳动"，在笔记本Ⅲ的开头，又强调"私有财产的主体本质"，即"私有财产的**主体本质，私有财产**作为自为地存在着的活动、作为**主体**、作为**人**，就是**劳动**"①。由此可见，马克思在笔记本Ⅱ和Ⅲ中转向了人（劳动者）这一主体，转向人的本质力量及其异化（对象化）。尽管正如前文所说，笔记本Ⅲ也强调费尔巴哈的自然唯物主义，但这种唯物主义（更多侧重人的感性方面）却是高扬主体性的唯物主义。在某种意义上，笔记本Ⅲ中的哲学观点是对马克思较早时期《博士论文》中唯物主义自我意识哲学的复归。② 然而，以往的研究者较少关注到下述事实：自从马克思接受了费尔巴哈的唯物主义哲学（这种接受始自《莱茵报》时期，在《黑格尔法哲学批判》中得到强化），马克思就开始自觉弱化自己唯物主义自我意识哲学中的主体性因素③，并与鲍威尔的自我意识哲学保持距离。由此可见，马克思的思想发展过程中存在一个摇摆的过程。在《博士论文》中，他高扬人的主体性；但在接受费尔巴哈哲学之后，他却有意弱化人的主体性因素；而笔记本Ⅲ却再次高扬人的主体性。

但是，马克思在笔记本Ⅲ中强调的"唯物主义"，在《神圣家族》

---

① 《马克思恩格斯文集》第 1 卷，人民出版社 2009 年版，第 178 页。

② 关于"自我意识哲学"的立场，参见鲁克俭《马克思〈博士论文〉与恩格斯〈谢林和启示〉之比较》，《北京行政学院学报》2010 年第 5 期。

③ 毫无疑问，基于绝对命令的应然逻辑与批判有关，因此马克思并没有完全放弃主体性。不过，从《莱茵报》时期开始，马克思就力图从青年黑格尔派（以鲍威尔为代表）的外在批判转向内在批判。

中却走向极端。这种极端一方面体现在马克思花费很大篇幅对唯物主义作了一个哲学史的概述①，另一方面体现在马克思从自然唯物主义进一步走向社会唯物主义②。这种社会唯物主义主要体现为两个方面：一是以唯物主义的"群众"对抗唯心主义的"精神"，二是坚持唯物主义环境决定论。在《神圣家族》中，马克思和恩格斯批判了英雄史观③，强调"历史上的活动和思想都是'群众'的思想和活动"④，"历史活动是群众的事业，随着历史活动（der geschichtlichen Aktion）的深入，必将是群众队伍的扩大"⑤；强调所谓精英或杰出人物（"批判的批判"）没有创造任何东西，而"工人才创造一切"⑥。这种群众史观突出了"物质群众（materiellen Masse）"和阶级斗争："群众的这种自我异化的**实际**后果既然以外在的方式存在于现实世界中，所以群众也就不得不以**外在**的方式和这种后果进行斗争"⑦；"要想站起来，仅仅**在思想中**站起来，而**现实的**、**感性的**、用任何观念都不能解脱的那种枷锁依然套在**现实的**、**感性的**头上，那是不行的"⑧。显然，《神圣家族》中关于历史发展动力机制的明线是阶级斗争，而暗线却是所谓"生产逻辑"，即历史的发源地"在尘世的粗糙的**物质**生产中"⑨。《德意志意识形态》进一步突出"生产逻辑"并将其深化为生产力与交往形式的矛盾运动，真正实现（或明确确立）了生产逻辑与革命逻辑（也就是结

---

① 第六章第（3）节的"（d）对法国唯物主义的批判的战斗"，参见《马克思恩格斯全集》第2卷，人民出版社1957年版，第158—170页。
② 所谓社会唯物主义，特指马克思那里具有社会内容但尚未达到唯物史观的唯物主义思想。社会唯物主义是马克思走向唯物史观过程中的阶段性思想，此时尚未最终摆脱唯心史观。
③ "精神创造众生，肉体则软弱无能。"《马克思恩格斯全集》第2卷，人民出版社1957年版，第7页。
④ 《马克思恩格斯全集》第2卷，人民出版社1957年版，第103页。
⑤ 《马克思恩格斯全集》第2卷，人民出版社1957年版，第104页。
⑥ 《马克思恩格斯全集》第2卷，人民出版社1957年版，第22页。
⑦ 《马克思恩格斯全集》第2卷，人民出版社1957年版，第104页。
⑧ 《马克思恩格斯全集》第2卷，人民出版社1957年版，第105页。
⑨ 《马克思恩格斯全集》第2卷，人民出版社1957年版，第191页。

构与能动）的统一。

　　谈到人的主体性，实际上存在着三种主体性。第一种主体性强调历史是由人创造的（这是维科以降的历史哲学传统），但否定或忽视历史发展的决定论方面。这是一种"强主体性"（主观唯心主义）。鲍威尔的历史哲学观是其典型。第二种主体性承认历史是由人创造的，但强调绝对精神在历史发展中的决定作用。这是一种客观唯心主义的历史决定论（属于"弱主体性"），黑格尔历史哲学是其代表。马克思笔记本Ⅲ中的主体性大致也属于这种类型。第三种则是一种革命主体性。马克思在《〈黑格尔法哲学批判〉导言》中强调无产阶级的历史使命（geschichtliche Aufgabe，或译"历史任务"）①，强调"武器的批判"，就属于这种革命主体性。然而，由于《〈黑格尔法哲学批判〉导言》中的革命主体性基于应然逻辑，它很容易滑向第一种主体性。马克思在《神圣家族》中再次强调无产阶级的历史主动性和历史使命，以及无产阶级"自我解放"的能力。②但这种革命主体性有别于《博士论文》中的唯物主义自我意识③，也不同于笔记本Ⅲ中带有鲜明历史目的论色彩的

---

　　① 马克思在《德意志意识形态》中有意避免再使用"使命"一词，并将其与历史目的论联系起来。

　　② 马克思在《神圣家族》中明确提出，"无产阶级能够而且必须自己解放自己"（kann und muß das Proletariat sich selbst befreien）（《马克思恩格斯全集》第2卷，人民出版社1957年版，第45页）。马克思在《德意志意识形态》中没有再用"无产阶级自我解放"的说法，并嘲弄了施蒂纳关于人的"自我解放"（Selbstbefreiung）的谰言，批判"圣麦克斯把自我解放的特定的历史行动变成为'**自由**'的抽象范畴"（《马克思恩格斯全集》第3卷，人民出版社1960年版，第343页）。马克思提出"真正（现实）解放（der wirklichen Befreiung）的两个因素"，"第一个因素是：个人在自己的自我解放中要满足一定的、自己真正体验到的需要"，"第二个因素是：在谋求自身解放（sich befreien）的个人身上至今只作为天资而存在的那种能力，现在被肯定为真正的力量；或者已经存在的某种力量由于限制的取消而增大起来"（《马克思恩格斯全集》第3卷，人民出版社1960年版，第347页）。

　　③ 无产阶级的阶级意识不是像人的自我意识那样一开始就存在，而是有一个从自在阶级到自为阶级的历史过程。正如马克思在《神圣家族》中所说的那样，"无产阶级作为无产阶级"是"意识到自己在精神上和肉体上贫困的贫困"，"意识到自己的非人性从而把自己消灭的非人性"，无产阶级会"消灭自己本身"，"无产阶级执行着雇佣劳动因替别人生产财富、替自己生产贫困而给自己做出的判决"。《马克思恩格斯全集》第2卷，人民出版社1957年版，第44页。

历史主体性①。在《神圣家族》中，这种革命主体性与唯物主义环境决定论②的相互作用，构成了一种"去主体性"③的思想进路④。显然，这种"去主体性"的进路与《〈黑格尔法哲学批判〉导言》中的思路——通过无产阶级革命将政治解放与人的解放两步并作一步的"毕其功于一役"⑤——有本质区别。然而，只有到了《德意志意识形态》之后，在唯物史观基础上强调以无产阶级为革命主体的共产主义革命，马克思才把科学与价值、结构与能动统一起来。在理论层面，唯物史观与唯物主义环境决定论之间有本质的区别。《提纲》这一枢纽性文本

---

① 关于马克思的历史目的论，参见鲁克俭《〈关于费尔巴哈的提纲〉与历史目的论》，《河北学刊》2009 年第 6 期。

② 唯物主义环境决定论与教育万能论是一体两面的，后者试图通过设置标准化"环境"来塑造人的心理及其发展，完全否认了人的心理发展的内生性和个体的主体性。

③ 关于"主体"（Subjekt）一词，费尔巴哈颠倒了黑格尔的用法，把物质（感性对象）看作主体（主词），而把意识（精神）看作谓词。费尔巴哈本人把感性对象看作受动与能动的统一。马克思在《神圣家族》中还转述霍布斯的唯物主义思想："决不可以把思维同那思维着的物质分开。物质是一切变化的主体。"（《马克思恩格斯全集》第 2 卷，人民出版社 1957 年版，第 164 页）但正如马克思在《提纲》第一条所断言的那样，包括费尔巴哈在内的旧唯物主义者本质上只是从客体的形式去理解感性对象，而忽视了能动的方面（die tätige Seite）。可以把作为物质力量的群众看作主体（特别是创造历史的劳动主体）。但从"主体性"的惯常用法来看（马克思在《提纲》中回到主体性的惯常用法，即强调自主性和能动性），达到阶级意识的群众确实具有革命主体性，但缺乏阶级意识的群众（特别是在唯物主义环境决定论视角下）只能说具有"去主体性"（被动性）。

④ 马克思在《1844 年经济学哲学手稿》和《德意志意识形态》中强调自主活动（Selbsttätigkeit 或 Selbstbethätigung），其中 Selbstbethätigung 也可译为自我实现（对应于英文词 self-actualization）。也就是说，自主活动是一种自我实现的活动，是真正体现主体性的活动。在自主活动问题上，《德意志意识形态》与笔记本Ⅲ的区别在于，笔记本Ⅲ假定自主活动是人的初始状态（这显然是受了黑格尔的影响），只不过其内容会随着历史（异化及其扬弃）的发展越来越丰富（"总体的人"或"丰富的人"）；而《德意志意识形态》则将自主活动置于未来"人的社会"之中。值得注意的是，马克思在《神圣家族》中仍然有下述说法："这种形而上学将永远屈服于现在被**思辨**的活动本身所完结并且与和**人道主义**相吻合的**唯物主义**。"（Marx-Engels Gesamtausgabe. I/4，Text，Berlin：Dietz Verlag，2022，s. 127.）这说明马克思在摆向社会唯物主义时并没有完全忘记（或放弃）不久前在笔记本Ⅲ中对黑格尔思辨辩证法（唯心主义劳动—历史辩证法）的批判性吸收。

⑤ 赵家祥教授强调马克思在《〈黑格尔法哲学批判〉导言》中这种"毕其功于一役"的思路与马克思晚年的"跨越卡夫丁峡谷"思路具有同质性，这种解读是很有见地的。参见赵家祥《全面准确地理解马克思早年的"跨越"思想》，《北京行政学院学报》2021 年第 1 期。

明确标识了这一区别。本章第三部分将就此进一步展开论述，这里先按下不表。

马克思《神圣家族》中的唯物主义环境决定论，不过是重申了18世纪唯物主义者关于环境的唯物主义观点："人的全部发展都取决于**教育**和**外部环境**"①；"既然人是从感性世界和感性世界中的经验中汲取自己的一切知识、感觉等等，那就必须这样安排周围的世界，使人在其中能认识和领会真正合乎人性的东西，使他能认识到自己是人"；"既然从唯物主义意义上来说人是不自由的，就是说，既然人不是由于有逃避某种事物的消极力量，而是由于有表现本身的真正个性的积极力量才得到自由，那就不应当惩罚个别人的犯罪行为，而应当消灭犯罪行为的反社会的根源，并使每个人都有必要的社会活动场所来显露他的重要的生命力。既然人的性格是由环境造成的，那就必须使环境成为合乎人性的环境。既然人天生就是社会的生物，那他就只有在社会中才能发展自己的真正的天性"。②

马克思明确提出，从唯物主义（特别是唯物主义环境决定论）必然得出共产主义的结论："并不需要多大的聪明就可以看出，关于人性本善和人们智力平等，关于经验、习惯、教育的万能，关于外部环境对人的影响，关于工业的重大意义，关于享乐的合理性等等的唯物主义学说，同共产主义和社会主义之间有着必然的联系"③；"**傅立叶**是直接从法国唯物主义者的学说出发的。**巴贝夫主义者**是粗鲁的、不文明的唯物主义者，但是成熟的共产主义也是**直接**起源于**法国唯物主义**的。这种唯物主义正是以**爱尔维修**所赋予的形式回到了它的祖国**英国**。**边沁**根据爱尔维修的道德学建立了他那**正确理解的利益**的体系，而**欧文**则从**边沁**的体系出发去论证英国的共产主义。亡命英国的法国人**卡贝**

---

① 《马克思恩格斯全集》第2卷，人民出版社1957年版，第165页。
② 《马克思恩格斯全集》第2卷，人民出版社1957年版，第166—167页。
③ 《马克思恩格斯全集》第2卷，人民出版社1957年版，第166页。

受到了当地共产主义思想的鼓舞，当他回到法国时，他已经成了一个最有声望然而也是最肤浅的共产主义的代表人物。比较有科学根据的法国共产主义者**德萨米、盖伊**等人，像欧文一样，也把**唯物主义**学说**当做现实的人道主义学说和共产主义的逻辑**基础加以发展"①。为阐发18世纪的唯物主义同19世纪的英国和法国的共产主义的联系，马克思还专门摘引了爱尔维修、霍尔巴赫和边沁的著作中的一些特别具有代表性的段落。② 实际上，在对"唯物主义"展开哲学史概述之前，马克思就已经从"唯物主义环境决定论"中得出了共产主义的结论："由于在已经形成的无产阶级身上实际上已完全丧失了一切合乎人性的东西，甚至完全丧失了合乎人性的**外观**，由于在无产阶级的生活条件中现代社会的一切生活条件达到了违反人性的顶点，由于在无产阶级身上人失去了自己，同时他不仅在理论上意识到了这种损失，而且还直接由于不可避免的、无法掩饰的、绝对不可抗拒的**贫困——必然性**的这种实际表现——的逼迫，不得不愤怒地反对这种违反人性的现象，由于这一切，所以无产阶级能够而且必须自己解放自己。但是，如果它不消灭它本身的生活条件，它就不能解放自己。如果它不消灭集中表现在它本身处境中的现代社会的**一切**违反人性的生活条件，它就不能消灭它本身的生活条件。"③ 马克思还指出："一切共产主义的和社会主义的著作家都从这样的观察出发：一方面，甚至安排得最顺利的出色的行动显然都没有出色的结果，并且还蜕化为平庸的事情；另一方面，**精神的一切进步**到现在为止都是**损害群众的进步**，使群众陷入每况愈下的**非人境遇**。"④ 根据马克思的这些论述可知，群众史观、唯物主义环境决定论、哲学共产主义是《神圣家族》的三大主题，而其主线是

---

① 《马克思恩格斯全集》第2卷，人民出版社1957年版，第167—168页。
② 参见《马克思恩格斯全集》第2卷，人民出版社1957年版，第169—170页。
③ 《马克思恩格斯全集》第2卷，人民出版社1957年版，第45页。
④ 《马克思恩格斯全集》第2卷，人民出版社1957年版，第106页。

人性异化思想。①

（三）哲学共产主义的证成：从《神圣家族》到《提纲》

《神圣家族》与笔记本Ⅲ相区别的关键在于：是消灭异化，还是异化自我消灭。《神圣家族》与笔记本Ⅰ都致力于消灭异化。笔记本Ⅰ着眼于消灭劳动异化及其根源（私有财产），《神圣家族》则进一步提出消灭一般异化的根源（环境）。当然，环境（特别是生活条件）也包括私有财产，但环境则是更具哲学意味的表述。在这里，马克思从具体的经济学意义上的私有财产上升到了一般唯物主义哲学。消灭异化需要发挥人的能动性，因此具有唯意志论色彩。但将异化的根源最后归结为外在环境，最终势必会泯灭人的主体性，因而显现为"去主体性"。首先，能够改变环境的精英或英雄，其主体性是以普罗大众的无主体性为基础。其次，普罗大众（比如资本阶级社会的无产阶级）只有达到无人性的顶点状态②，才会具有改变环境的意识（阶级意识）③；在此之前，无产阶级的主体性无从谈起。而笔记本Ⅲ则强调异化的自

---

① 为了加以区分，可以将马克思笔记本Ⅰ中的异化称为"劳动异化"，笔记本Ⅲ中的异化称为"人的本质力量的异化"，《神圣家族》中的异化理论称为"人性异化"（或更一般地称为"人的异化"）。

② 可以参照马克思在《〈黑格尔法哲学批判〉导言》中的诗意表述："德国解放的**实际**可能性到底在哪里呢？**答**：就在于形成一个被戴上**彻底的锁链**的阶级，一个并非市民社会阶级的市民社会阶级，形成一个表明一切等级解体的等级，形成一个由于自己遭受普遍苦难而具有普遍性质的领域，这个领域不要求享有任何**特殊的权利**，因为威胁着这个领域的不是**特殊的不公正**，而是普遍的不公正，它不能再求助于**历史的**权利，而只能求助于**人的**权利，它不是同德国国家制度的后果处于片面的对立，而是同这种制度的前提处于全面的对立，最后，在于形成一个若不从其他一切社会领域解放出来从而解放其他一切社会领域就不能解放自己的领域，总之，形成这样一个领域，它表明人的**完全丧失**，并因而只有通过人的**完全回复**才能回复自己本身。社会解体的这个结果，就是**无产阶级**这个特殊等级。"《马克思恩格斯文集》第1卷，人民出版社2009年版，第16—17页。

③ 马克思在《〈黑格尔法哲学批判〉导言》中有一个关于"绝对命令"的著名说法："**必须推翻使人成为被侮辱、被奴役、被遗弃和被蔑视的东西的一切关系**。"《马克思恩格斯文集》第1卷，人民出版社2009年版，第11页。

我消灭，它包括自我异化和自我异化的扬弃两个阶段，强调异化的历史性（也就是强调异化的产生及其消灭是一个历史过程），具有目的论色彩。吊诡的是，表面上具有宿命论色彩的异化自我消灭过程，反而具有另类的主体性，即主客体相统一（既是主体又是客体）的主体性。按照马克思《神圣家族》中的说法，"在**黑格尔**的体系中有三个因素：**斯宾诺莎的实体，费希特的自我意识**以及前两个因素在**黑格尔**那里的必然的矛盾的**统一，即绝对精神**"①。这是有别于主观唯心主义主体性的客观唯心主义主体性。毫无疑问，马克思笔记本 Ⅲ 对共产主义的哲学论证，还残存着这种客观唯心主义历史目的论的痕迹，尽管马克思此时已经对黑格尔的唯心主义劳动—历史辩证法进行了唯物主义改造。因此，虽然《1844 年经济学哲学手稿》包含诸多唯物史观的因素，但还没有真正地在范式上实现唯物史观的转换。

　　由于马克思在《提纲》中是把"人的社会"看作实践（"环境的改变与人的改变的统一"）这一历史过程的最终目的，所以还不能说《提纲》已经完全摆脱了历史目的论。在哲学立场上，直到《德意志意识形态》以及《哲学的贫困》②，马克思才对历史目的论进行了自觉的批判（或者说"自我清算"③）。《提纲》是马克思从笔记本 Ⅲ 摇摆向《神圣家族》之后的回摆。在《提纲》中，我们看到主体性的回归（《提纲》第一条），看到马克思对自己《神圣家族》中唯物主义环境决定论的"自我清算"（《提纲》第三条）。然而，值得注意的是，马克思《提纲》中的"自我清算"，迄今尚未引起研究者的关注。与之相比，由于马克思在《〈政治经济学批判〉序言》里自我指认了《德意志

---

　　①　《马克思恩格斯全集》第 2 卷，人民出版社 1957 年版，第 177 页。

　　②　马克思恩格斯在《德意志意识形态》中的"自我清算"除了历史目的论，还包括"人的异化"思想。

　　③　关于"自我清算"，马克思在 1859 年《〈政治经济学批判〉序言》中有相关的说法，即"我们决定共同阐明我们的见解与德国哲学的意识形态的见解的对立，实际上是把我们从前的哲学信仰清算一下"。参见《马克思恩格斯全集》第 31 卷，人民出版社 1998 年版，第 414 页。

意识形态》中的"自我清算"，《德意志意识形态》中的"自我清算"
得到了更多的关注。

马克思在《提纲》中以前主客二分的"实践"概念超越了黑格尔
主客二分的主客体统一，并在《德意志意识形态》中以"生活"概念
将哲学的"实践"概念与经济学的"生产"概念联系起来。因此，与
《神圣家族》和《1844 年经济学哲学手稿》相比，《提纲》无疑有了重
大理论进步。但是，《提纲》毕竟只是马克思匆匆记下的十一条笔记，
仍然具有明显的局限性。一方面，马克思试图以"实践哲学"取代传
统哲学①的努力并不成功，他很快就在《德意志意识形态》中放弃了这
一尝试，并走向了以"实证科学"取代哲学的"消灭哲学"新立场。
另一方面，马克思将环境的改变与人的改变统一于人的实践。作为前
主客二分的概念，马克思的"实践"无疑超越了黑格尔的"绝对精神"
（作为主客体统一）。然而，"实践"与"绝对精神"在某种意义上具
有同质性。② 这种同质性突出表现在《提纲》对主体性的高扬和黑格尔
历史目的论的残余。需要指出的是，此后不久，在《德意志意识形态》
中，马克思就放弃了主体性③，并对历史目的论作了"自我清算"④。

马克思在《提纲》中对共产主义的证成与上述局限性的第二个方
面相关。《提纲》中对共产主义的证成仍然是一种哲学证成，因此《提
纲》中的共产主义仍然是哲学共产主义。然而，《提纲》明确放弃了
《神圣家族》以唯物主义环境决定论论证共产主义的进路，而是以"环
境的改变与人的改变的统一"这一哲学论断（或理论）来论证共产主

① 这里马克思似乎有以费尔巴哈人本学的新哲学代替旧哲学（特别是黑格尔思辨哲学）的抱负。

② 马克思倡导的"颠倒"取自费尔巴哈。但这一方法必然会导致这样的问题。许多研究者已经
注意到这一现象。

③ 但并没有放弃无产阶级作为共产主义革命的主体。

④ 在《神圣家族》中，马克思也有一句对历史目的论可以说是顺便（并非自觉）的批判："从
前的目的论者认为，植物所以存在，是为了给动物充饥，动物所以存在，是为了给人类充饥，同样，
历史所以存在，是为了给理论的充饥（证明）这种消费行为服务。人为了历史而存在，而历史则为了
证明真理而存在。"《马克思恩格斯全集》第 2 卷，人民出版社 1957 年版，第 100 页。

义的必然性。这两种论证进路具有显而易见的差别。在《神圣家族》中，一次性的环境的革命性改变①所引发的革命，就能使无产阶级从"旧人"变为共产主义社会的"新人"（也就是马克思常说的无产阶级"消灭自己"，或消灭"劳动"本身）。而在《提纲》中，"环境的改变"与"人的改变"是多次的（甚至是无数次的）②，并且相互作用、相互成全，贯穿于整个人类历史。基于《提纲》的新观点，历史发展就像是向上延伸的平滑曲线，似乎社会发展并不需要社会革命③这样的历史中断（也就是历史"质变"），也不需要五形态④或三形态⑤这样的历史分期。然而，这种历史发展的图景显然与马克思此前已经达到的认识（特别是强调社会革命）有冲突，它只不过是马克思一时（匆匆记下笔记时）的灵感或思想火花。在随后的《德意志意识形态》中，马克思"环境的改变与人的改变相统一"的原理进一步演化和具体化为基于"生活"的生产力与交往形式的矛盾运动规律。⑥

综上所述，青年马克思对共产主义必然性的探索可以看作他寻找历史发展动力机制的过程。"自我异化"与"自我异化的扬弃"这一历史目的论图式，揭示了人类历史发展的动力机制。《〈黑格尔法哲学批判〉导言》中"毕其功于一役"的社会革命以及《神圣家族》中一次

---

① 马克思这样批评鲍威尔："如果**批判**比较熟悉下层人民阶级的运动，它就会知道，下层阶级在实际生活中所受到的最坚决的抵抗使它们每天都有所改变。出自英法两国下层人民阶级的新的散文和诗作将会向批判表明，即使没有**批判的神圣精神**的直接**庇佑**，下层人民阶级也能把自己提高到精神发展的更高水平。"（《马克思恩格斯全集》第 2 卷，人民出版社 1957 年版，第 171 页）因此，"一次性的环境的革命性改变"并非否认工人会逐渐改变，但"环境的改变"与"人的改变"尚未相互作用。

② 随着阶级意识由低到高、由自在到自为的逐渐发展，"人的改变"也会反复多次出现。汤普森在《英国工人阶级的形成》中表达过类似的想法。参见［英］E. P. 汤普森《英国工人阶级的形成》下册，钱乘旦等译，译林出版社 2013 年版，第 951、979 页。

③ 尽管马克思在《提纲》中多次使用"革命的实践""在实践中使之革命化"等说法。

④ 指 1859 年《〈政治经济学批判〉序言》中基于五种生产方式的经济社会形态。

⑤ 指前资本主义、资本主义、共产主义三种社会形态（形式）。

⑥ "环境"演化为"交往形式"，"人"演化为"生产力"。生产力被看作最革命、最活跃的因素。但是，这并不意味着马克思的唯物史观存在"发展命题"。

性的"环境的改变",则意味着马克思以阶级斗争作为历史发展的动力。但是,从某种意义上说,阶级斗争作为一种外在动力,很容易走向唯意志论。① 与这种外在的动力机制不同,笔记本Ⅲ的"历史目的论"提供了基于历史本身的动力机制。在《提纲》中,"环境的改变与人的改变的统一"则是马克思试图寻找历史发展动力的第三次尝试。此时,马克思距离《德意志意识形态》中的唯物史观已经不远了。当马克思把"生产力与交往形式"的矛盾运动作为历史发展的动力机制时,马克思就彻底从"否定之否定"的动力机制转向了"对立统一的矛盾运动"的动力机制。这是创立唯物史观并彻底告别历史目的论的关键一步,《提纲》中环境的改变与人的改变的统一的思想已经很接近"对立统一的矛盾运动"的动力机制。② 不过,也应该注意到,《提纲》中环境的改变与人的改变相统一毕竟只是哲学论断(理论),而"生产力与交往形式的矛盾运动"才是基于实证科学的科学假说(或"抽象")。在这个意义上,马克思无法从《1844年经济学哲学手稿》直达《德意志意识形态》,必须经过《神圣家族》和《提纲》关于"环境与人的关系"的理论中介。

余 论

《提纲》第三条讨论"环境的改变与人的改变相统一"。值得注意的是,马克思在《1844年经济学哲学手稿》中就已经有了类似的认识。在马克思那里,人的本质力量的对象化(异化)意味着环境的不断改变(所谓"人化自然"),而在这个过程中,人的本质力量也在发展

---

① 布朗基主义是其典型。布朗基主义的主要特征表现为:以密谋为主要方式人为地制造革命。当然,基于唯物史观的阶级斗争并不会导致唯意志论和人为地制造革命,而且坚决反对这两种错误倾向(其根源仍然是唯心史观)。

② 马克思在《德意志意识形态》中多次强化了《提纲》中环境的改变与人的改变相统一的思想。

（所谓"人的自然化"）。马克思在笔记本 Ⅰ 的结束部分明确提出了"人的发展"（der menschlichen Entwicklung）的说法，并在笔记本 Ⅲ 中更为形象地刻画了人的不断改变和发展的历史过程："社会的人的**感觉不同于**非社会的人的感觉。只是由于人的本质客观地展开的丰富性，主体的、人的感性的丰富性，如有音乐感的耳朵、能感受形式美的眼睛，总之，那些能成为人的享受的感觉，即确证自己是**人的**本质力量**的感觉**，才一部分发展起来，一部分产生出来。因为，不仅五官感觉，而且连所谓精神感觉、实践感觉（意志、爱等等），一句话，**人的**感觉、感觉的人性，都是由于**它的**对象的存在，由于**人化的**自然界，才产生出来的。"① 这再次证明，《提纲》在某种意义上是向笔记本 Ⅲ 的回摆和对《神圣家族》的部分纠偏。不过，《德意志意识形态》对自我意识及历史目的论②的嘲讽和批判，何尝不是马克思对《提纲》的再次纠偏呢？③

　　由此可见，在从哲学共产主义走向科学共产主义的思想跋涉中，马克思的两次思想摇摆和"自我清算"具有重要的理论意义。一方面，它又一次向我们证明，马克思伟大思想的形成不是一蹴而就的，而是在艰难探索中获得的。它彰显了青年马克思不断探索真理的科学精神。另一方面，它也成为科学共产主义最终得以确立的关键一环，而这也说明《神圣家族》和《提纲》是分析马克思早期思想发展内在逻辑时必不可少的关键文本。

---

① 《马克思恩格斯文集》第 1 卷，人民出版社 2009 年版，第 191 页。

② 克拉科夫斯基认为，马克思的唯物史观仍然是一种历史目的论，因为马克思把"共产主义"看作"生产力与生产关系"矛盾运动的最终目的。但是，克拉科夫斯基的观点是对唯物史观的误解。马克思在《德意志意识形态》中是以"现在"为立足点来看待未来的共产主义，共产主义是价值目标（美好生活），并非像黑格尔那样站在"未来"回看历史（把历史看作了证明真理而存在）。但在笔记本 Ⅲ 和《提纲》中，马克思确实有从未来的事实（共产主义或人的社会）回看历史的倾向。

③ 《德意志意识形态》某种程度上是向《神圣家族》的再次回摆。但是，这种回摆并不是重新倒向"唯物主义环境决定论"，而是重提结合了革命主体性逻辑的历史发展客观性（或决定论）。

八 马克思的"美好生活"理念及其证成[*]

我们对马克思文本的思想解读,一直坚持以"自由"而非"平等"来指称马克思的共产主义(包括哲学共产主义和科学共产主义)政治哲学。① 本书试图进一步深化对马克思自由思想的理解,并以"美好生活（good life）"理念将马克思的共产主义自由②思想予以具体化③。

（一）从"人的解放"到"美好生活"

众所周知,马克思在《论犹太人问题》中明确提出"人的解放（die menschliche Emanzipation）"④ 有别于"政治解放",并在《〈黑格尔法哲学批判〉导言》中强化了"人的解放"的说法。如果说在此前

本章参见鲁克俭《马克思的"美好生活"理念及其证成》,《兰州大学学报》(社会科学版) 2021 年第 3 期。

① 参见鲁克俭《马克思是否关注分配正义——从"按需分配"的中译文谈起》,《马克思主义理论学科研究》2020 年第 2 期。

② 有别于马克思自由主义和共和主义时期的自由思想。关于马克思的共和主义思想,参见鲁克俭《试论马克思〈莱茵报〉时期的共和主义思想》,《现代哲学》2019 年第 1 期。

③ 在国外学者中,布鲁德尼第一个明确以"美好生活"来概括马克思的共产主义。参见 [美] 丹尼尔·布鲁德尼《马克思告别哲学的尝试》,陈浩译,中国人民大学出版社 2019 年版。

④ 《马克思恩格斯全集》中文第一版将"die menschliche Emanzipation"译为"人类解放",第二版改为"人的解放"。参见《马克思恩格斯全集》第 1 卷,人民出版社 1956 年版,第 419 页;另见《马克思恩格斯全集》第 3 卷,人民出版社 2002 年版,第 163 页。

的《黑格尔法哲学批判》中马克思的哲学共产主义，是通过政治异化批判回归到"人的社会"①，那么《德法年鉴》两篇论文就明确以"人的解放"指代共产主义。列宁将《德法年鉴》判定为马克思实现共产主义转变的标志，因此将"人的解放"与共产主义画等号就成为马克思主义哲学史教科书的标准说法。特别是随着萨特所谓马克思主义"人学空场"的说法逐渐被人摒弃，"人的解放"日益成为政治正确的说法。但一个被人们忽视的问题是，马克思《德法年鉴》之后再没有使用过"人的解放"，甚至在《1844年经济学哲学手稿》中也只是用"人自身的复归（Rückkehr des Menschen für sich als eines *gesellschaftli-chen*, d. h. menschlichen Menschen）"② 这一说法。

在《德法年鉴》中，马克思用的"解放"一词德文原文是Emanzi-pation，对应的英文是emancipation。"'解放'是吉登斯对启蒙运动所作的高度凝练的概括"③，吉登斯用"解放政治（emancipatory politics）"来描述人"在有限的束缚框架下发展其潜能的一种能力"④。因此，解放政治视域中的人的解放与马克思的"人的解放"用法有共通之处。马克思《德法年鉴》之后没有再用"die menschliche Emanzipation"，但他在《德意志意识形态》中多次使用了不同的德文词来表示"解放"，包括befreien，Befreiung，Freisein，Lossein 等。不过马克思此时不是正

---

① 马克思一生坚持"人的社会"的理想。比如《关于费尔巴哈的提纲》第十条："旧唯物主义的立场是市民社会，新唯物主义的立场则是人的社会或社会的人性（Der Standpunkt des alten Materialismus ist die bürgerliche Gesellschaft, der Standpunkt des neuen die menschliche Gesellschaft od. die gesellschaftliche Menschheit.）。"在1859年《〈政治经济学批判〉序言》中马克思说："人的社会的前史就以这种社会形态而告终（Mit dieser Gesellschaftsformation schließt daher die Vorgeschichte der menschlichen Gesellschaft ab）。"

② 完整的翻译是"人自身（作为社会的、符合人性的人）的复归"。这里"社会的人（gesellschaftlichen Menschen）"的说法完全同于《关于费尔巴哈的提纲》第十条。

③ 参见郭忠华《解放政治的反思与未来：安东尼·吉登斯现代性思想研究》，中央编译出版社2006年版，第27页。

④ ［英］安东尼·吉登斯《现代性与自我认同：晚期现代中的自我与社会》，夏璐译，中国人民大学出版社2016年版，第198页。

面使用"解放"一词，而且是对施蒂纳所谓"解放"即"摆脱（Los-sein）"的嘲讽。比如："桑乔在这里用非常笨拙地列举各种各样枷锁的办法，把摆脱奴隶地位的解放，也就是承认奴隶的个性并消除某种经验界限的那种解放，同'罗马书'、'哥林多书'中的那种更早的基督教理想的自由混为一谈，从而把自由变成为自我舍弃"①；"这位无所事事、愚昧无知的旁观者眼中把各种限制的真正消灭——这种消灭同时也是生产力的非常积极的发展，是迫切需要的实在动力和满足，是个人权力的扩展——变成了摆脱某种限制的简单的解放"②；"从'**自由**'即'**摆脱**'的定义中产生了这样的问题，例如人们应当摆脱什么等等（第 209 页）；以及 对于这个'什么'的争论（同上）"③。

马克思不仅嘲讽了施蒂纳的"解放"，还嘲讽了"人的概念"："**圣物**世界归根结底集中于'**人**'。正如我们在全'旧约'中所看到的，桑乔把'**人**'当作全部过去历史的积极的主体。在'新约'中，他又把'**人**'的这种统治扩展到全部现存的物质世界和精神世界，扩展到现存个人的一切特性。一切都是属于'**人**'的，因此世界就变成了'**人**的世界'。作为个人的**圣物**就是'**人**'，在桑乔那里，'**人**'只是概念、观念的另一个名称而已。人们的这个脱离了现实事物的观念和思想，必然不是以现实的个人，而是以哲学观念中的个人，以脱离了自己的现实而只存在于思想中的那个'**人**'，也就是人的概念为其基础。这样一来，他对哲学的信仰便达到了顶点。"④ 不仅如此，马克思还进一步嘲讽了施蒂纳的"人的解放"（尽管施蒂纳并没有使用"人的解放"一词）："桑乔所理解的问题归根到底还是极端荒谬的。他以为：到现在为止人们总是先给自己制定人的概念，然后取得自由，而自由

---

① 《马克思恩格斯全集》第 3 卷，人民出版社 1960 年版，第 343 页。
② 《马克思恩格斯全集》第 3 卷，人民出版社 1960 年版，第 345 页。
③ 《马克思恩格斯全集》第 3 卷，人民出版社 1960 年版，第 352 页。
④ 《马克思恩格斯全集》第 3 卷，人民出版社 1960 年版，第 332 页。

的程度取决于实现这个概念时的需要；人们取得的自由的程度每次都由他们关于人类理想的相应观念来决定；同时在每个个人身上必然会保存着和这种理想不符合的某种残余，因而这种残余作为'非人的东西'还没有得到解放，或者说只有 malgré eux［违反他们的意志］才得到解放。"①

马克思注意到，施蒂纳有时将"解放（Befreiung）"与"自由（Freiheit）"画等号，有时又强调"解放"与"自由"不同（施蒂纳肯定"解放"而否定"自由"，因为施蒂纳真正推崇的是"独自性"，而把"自由"看作"圣物"）。那么马克思《德法年鉴》中的"人的解放"，与他在《德意志意识形态》中所嘲讽的施蒂纳的"人的解放"思想有什么关联？这是否意味着马克思通过对施蒂纳的嘲讽在作"自我清算"② 呢？

首先，通过与《德意志意识形态》相关文本的对照考察，我们可以肯定马克思《德法年鉴》中的"解放（Emanzipation）"思想与消极自由（negative Freiheit）密切相关。由于伯林的影响，消极自由与积极自由的区分现已广为人知。但实际上康德和黑格尔在其法哲学中都明确提到过消极自由与积极自由的区分，而且马克思在《德意志意识形态》中还专门提到黑格尔的这种区分："如果圣桑乔还要硬说他反对的不是《liberté》，而是'**自由**'，那末我们就劝他查一查黑格尔的著作，看看黑格尔关于消极自由和积极自由是怎么讲的。"③ 表面上看，施蒂

---

① 《马克思恩格斯全集》第 3 卷，人民出版社 1960 年版，第 506—507 页。

② 马克思在 1859 年《〈政治经济学批判〉序言》中明确把《德意志意识形态》看作"自我清算"："自从弗里德里希·恩格斯批判经济学范畴的天才大纲（在《德法年鉴》上）发表以后，我同他不断通信交换意见，他从另一条道路（参看他的《英国工人阶级状况》）得出同我一样的结果，当 1845 年春他也住在布鲁塞尔时，我们决定共同阐明我们的见解与德国哲学的意识形态的见解的对立，实际上是把我们从前的哲学信仰清算一下。"《马克思恩格斯全集》第 31 卷，人民出版社 1998 年版，第 413—414 页。

③ 《马克思恩格斯全集》第 3 卷，人民出版社 1960 年版，第 348 页。此处中译文把"die negative & positive Freiheit"译成"否定的自由和肯定的自由"。

纳是赞同消极自由而反对积极自由，但在马克思看来，施蒂纳的"独自性"（与"唯一性"同义）也就是德国观念论传统中的积极自由。不过马克思并不赞同这种唯心主义的积极自由，而主张作为"美好生活"的唯物主义积极自由。① 马克思《德法年鉴》中的"解放"首先是一种消极自由，即人从某种束缚（限制）中摆脱出来。比如"政治解放"就是人从各种政治限制中摆脱出来。这些政治限制包括与政治不平等相关的人身依附、政治参与的各类资格（如财产、性别、等级）等，以及财产自由、言论出版自由等。"宗教解放"就是人从宗教束缚中解放出来，也就是彻底消灭宗教。实际上，马克思并没有使用过"宗教解放"的说法。马克思在《论犹太人问题》中明确提出，政治解放不但不意味着消灭宗教，不意味着人从宗教束缚中解放出来，反而意味着宗教自由和宗教在市民社会的真正发展。因此与其说"宗教解放"是人从宗教中解放出来，不如说是宗教从政治束缚中解放出来。但这种用法与"政治解放""人的解放"完全不同，"政治解放"和"人的解放"的主语都是人，"宗教解放"的主语是宗教。如果说"政治解放"是人从各种政治束缚中摆脱出来，"人的解放"就是人从各种束缚人性的状态中摆脱出来。那么什么是对人性的束缚呢？按照马克思《德法年鉴》两篇论文的说法，束缚人性的状态也就是非人状态。如果套用马克思《政治经济学批判大纲》中的说法，政治解放也就是人从人对人的依赖状态中解放出来，而人的解放也就是人从人对物的依赖状态中解放出来。

其次，虽然人的解放首先是一种消极自由，但它蕴含了积极自由的可能性。在笔记本Ⅰ中，人的解放意味着人从异化劳动这种人对物的依赖中解放出来。而在笔记本Ⅲ中，人的解放就意味着人向自身的复归，从而美好生活的内容得以徐徐展现。因此，我们可以说，马克

---

① 伯林把马克思的积极自由与黑格尔的积极自由相提并论，是对马克思的误读。

思的哲学共产主义从《德法年鉴》到《1844年经济学哲学手稿》，经历了从"人的解放"到"美好生活"的深化。① 前者是解构，后者是建构；前者强调"从哪里来"，后者强调"到哪里去"。

关于"美好生活"的内涵，本章第二部分将详细展开。这里先围绕马克思《德意志意识形态》中关于唯物主义自由理论的论述，考察一下马克思的自由理论。

马克思在《德意志意识形态》中阐发的自由理论，一直没有引起研究者的重视。它包括以下几个方面的内容。

第一，有别于消极自由与积极自由的区分，马克思强调了唯物主义自由与唯心主义自由的区分。唯物主义自由以权力为基础（或者说自由是权力②），唯心主义自由以意志为基础（或者说自由是自由意志）。马克思写道："哲学家们至今对自由有两种说法：一种是把它说成对个人生活于其中的各种境况和关系的权力、统治，所有的唯物主义者关于自由的说法就是这样的；另一种是把它看作自我规定，看作脱离尘世，看作精神自由（只是臆想的），所有的唯心主义者特别是德国唯心主义者关于自由的说法就是这样的。"③ 马克思将霍布斯列入主张唯物主义自由的行列。④ 既然霍布斯主张自由是权力，那么就不能把霍布斯的自由观列入消极自由。但也不能把霍布斯的自由完全归入积极自由，因为霍布斯的积极自由（做一切有能力做的事的自由）确实蕴含了消极自由（或者说是以消极自由为前提的）。在马克思这里，唯物主义自由其实包含了消极自由和积极自由两个方面的内容，而积极自由是以消极自由为前提的。由此可以看出，马克思从《德法年鉴》的"人的解放"到《1844年经济学哲学手稿》的"美好生活"的转变

① 吉登斯也有从强调解放政治到强调生活政治的深化。

② 马克思的原文是：自由"就是对决定他的境况的权力（die Macht über die ihn bestimmenden Umstände）"。

③ 《马克思恩格斯全集》第3卷，人民出版社1960年版，第341页。

④ 从而霍布斯是把权力而非意志看作法的基础。

并不突兀，都是唯物主义自由的题中应有之义。当然，"人的解放"侧重点在唯物主义自由中的消极自由，"美好生活"侧重点在唯物主义自由的积极自由。因此，我们并非要武断地说马克思存在从"人的解放"到"美好生活"的转向（或断裂），而是说"美好生活"更能代表马克思的共产主义自由理念。

第二，与以权力来界定自由相关联，马克思在《德意志意识形态》中强调，因为分工，普遍东西（Allgemeinheit）以及关系（Verhältnissen）①成为独立化（Verselbstständigung）②的外在力量："那些与个人对立的关系在分工基础上的独立化"③；"既然力量存在着，它们就不顾桑乔的'随心所欲'而独立地起作用了，它们像化学力和机械力那样，不依赖于拥有这些力量的个人而起着作用"④；"要消灭关系对个人的独立化、个性对偶然性的屈从、个人的私人关系对共同的阶级关系的屈从等等，归根到底都要取决于分工的消灭"。这种独立化的力量对人构成限制或束缚。唯物主义的自由一方面体现在个体从这种独立化力量中摆脱出来，这是消极自由。另一方面体现在个体对这种独立化力量的权力（Macht）或统治（Herrschaft）："确立个人对偶然性和关系的统治，以之代替关系和偶然性对个人的统治。"⑤ 这是积极自由。但这种权力或统治并非对身外之物的占有或所有，而是体现为人的内在力量。⑥ 实际上，对身外之物

---

① 马克思在《黑格尔法哲学批判》中更强调"普遍东西"的独立化（异化），而在《德意志意识形态》中更强调"关系"的独立化。

② 马克思在《德意志意识形态》中，有意识地用唯物主义的"独立化"取代了唯心主义的"异化"（自我异化）概念。独立化的逻辑是：生活—分工—独立化，自我异化的逻辑是：自我（人的本质力量）—否定（对象化）—自我异化。自我异化的逻辑是马克思基于劳动—历史辩证法对黑格尔的否定之否定历史辩证法进行改造的产物。

③ 《马克思恩格斯全集》第3卷，人民出版社1960年版，第485页。

④ 《马克思恩格斯全集》第3卷，人民出版社1960年版，第494页。

⑤ 《马克思恩格斯全集》第3卷，人民出版社1960年版，第515页。

⑥ Macht（英文是power）本来就有权力和力量两层意思。作为Macht的力量是主体性的，而作为Kräfte的力量是客观的外在力量。

的占有或所有是一种财产关系，它不但不能体现人的内在力量，反而体现了人的无力（拜物教）。个体对独立化力量的权力或统治，既是历史的产物，也是人的本质力量的重新占有和人向自身的复归。① 尽管身外之物（不管是普遍东西、关系还是人的本质力量的对象化产物）的产生机制有所不同，但在落脚在"美好生活"这一积极自由方面，《德意志意识形态》与《1844 年经济学哲学手稿》是一脉相承的。

（二）"美好生活"的核心内容

从笔记本Ⅲ开始，马克思就从多方面展示了共产主义"美好生活"的理念。"美好生活"对应于"人的社会"（社会主义），是人道主义与自然主义的统一。其核心内容包括以下几个方面。

1. 人的自我实现、自我完善与人的全部才能的自由发展

马克思在《1844 年经济学哲学手稿》中，使用了"自我实现的活动（Selbstbetätigungsakt）"的说法："因为黑格尔根据否定的否定所包含的肯定方面把否定的否定看成真正的和惟一的肯定的东西，而根据它所包含的否定方面把它看成一切存在的惟一真正的活动和自我实现的活动，所以他只是为历史的运动找到**抽象的、逻辑的、思辨的**表达，这种历史还不是作为一个当作前提的主体的人的**现实**历史，而只是人的**产生的活动**、人的**形成的历史**。"② 这里，马克思是在谈论黑格尔关于精神的"自我实现的活动"。不过，黑格尔在《精神现象学》中并没有使用过"Selbstbetätigung（自我实现）"一词。该词是马克思对黑格尔相关思想的概括，它最接近马斯洛所使用英文词 self-actualization（对

---

① "是人从宗教、家庭、国家等等向自己的**人的**存在即**社会的**存在的复归。"《马克思恩格斯全集》第 3 卷，人民出版社 2002 年版，第 298 页。

② 《马克思恩格斯全集》第 3 卷，人民出版社 2002 年版，第 316 页。

应的德文词是 Selbstaktualisierung）的含义。① 在《德意志意识形态》中，马克思用了"个人的实现（Verwirklichung des Individuums）"一词："个人的全面实现，只有到了外部世界对个人才能（天资）的实际发展所起的推动作用为个人本身所驾驭的时候，才不再是理想、职责等等，这也正是共产主义者所向往的。"② 此外，马克思还有"个人的自我肯定（Durchsetzung der Individuen）"③ 的说法④。马克思在《政治经济学批判大纲》中有两处使用了"Selbstverwirklichung"⑤ 一词。这两处出现在内容关联（涉及自由劳动）的两段话中。在前一段话中，马克思写道："诚然，劳动尺度本身在这里是由外面提供的，是由必须达到的目的和为达到这个目的而必须由劳动来克服的那些障碍所提供的。但是克服这种障碍本身，就是自由的实现，而且进一步说，外在目的失掉了单纯外在自然必然性的外观，被看作个人自己提出的目的，因而被看作自我实现，主体的对象化，也就是实在的自由，——而这种自由见之于活动恰恰就是劳动。"⑥ 在紧接着的后面一段话中，马克思写道："这里可以从两个方面来谈：一方面是这种对立的劳动；另一方面与此有关，是这样的劳动，这种劳动还没有为自己创造出（或者

---

① 自我实现作为一个心理学的概念，是由戈德斯坦首次提出的。马斯洛在《动机和人格》一书中也把"自我实现"这一术语的创制归功于戈德斯坦。

② Marx-Engels Gesamtausgabe. I/5, Text, Berlin：Dietz Verlag, 2017, s. 347. "天资"为笔者所补充。此处中译文将"个人的全面实现"译为"个人的全面发展"。这段话的德文原文是："Die allseitige Verwirklichung des Individuums wird erst dann aufhören, als Ideal, als Beruf pp vorgestellt zu werden, wenn der Weltanstoß, der die Anlagen der Individuen zur wirklichen Entwicklung sollizitirt, unter die Kontrolle der Individuen genommen ist, wie dies die Kommunisten wollen."

③ 中译文将其译成了"自我实现"。英文译文是 the self-assertion，比较接近德文原文。

④ "共产主义者不向人们提出道德上的要求，例如你们应该彼此互爱呀，不要做利己主义者呀等等；相反，他们清楚地知道，无论利己主义还是自我牺牲，都是一定条件下个人的自我肯定的一种必要形式。"Marx-Engels Gesamtausgabe. I/5, Text, Berlin：Dietz Verlag, 2017, s. 302. "个人的自我肯定"原中译文是"个人自我实现"。

⑤ Selbstverwirklichung 对应于英文的 self-realization，与 self-actualization 可以互换使用。

⑥ 《马克思格恩斯全集》第 30 卷，人民出版社 1995 年版，第 615 页。

同牧人等等的状况相比，是丧失了）一些主观的和客观的条件，从而使劳动会成为吸引人的劳动，成为个人的自我实现。"① 不管是否使用了"自我实现"一词，关于自由劳动是人的自我实现的思想是马克思自《1844 年经济学哲学手稿》以后关于共产主义的终生理念。②

施蒂纳有类似"自我完善"的说法，如"完善的人（vollkommene Mensch）"③、"'人'的不完善的存在方式"④、人类天资的完善⑤、人的自我提升⑥等。马克思在《德意志意识形态》中对此作了批判。当然，马克思并非批判"自我完善"本身，而是批判施蒂纳的唯心主义方法。马克思所要强调的是，自我完善是历史发展的产物，而非仅仅一种理想和任务（道德要求）。完善论（perfectionism）是自康德以降德国观念论的传统⑦，马克思也处于这一传统之中。但马克思的完善论是基于唯物史观的。

"自我实现"与"自我完善"⑧ 基本同义，它们最终都落脚到"人的才能的自由发展"。"人的才能的自由发展"出自圣西门。圣西门临终时说："我毕生所追求的就是如何保证所有的人的天资得到最自由的发展（allen Menschen die freieste Entwicklung ihrer natürlichen Anlagen zu sichern）。"在这句话中，资质（禀赋）被译为德文的 Anlagen。马克思

---

① 《马克思恩格斯全集》第 30 卷，人民出版社 1995 年版，第 615—616 页。

② 马克思晚年《哥达纲领批判》中有劳动是"首要的生活需要"的说法。

③ 《马克思恩格斯全集》第 3 卷，人民出版社 1960 年版，第 90 页。

④ 《马克思恩格斯全集》第 3 卷，人民出版社 1960 年版，第 257 页。

⑤ "从'生活在自己的一切表现中都应当得到享乐'这一点中得出结论说，作为生活的表现之一的劳动'本身应当是人类天资的表现和完善'，就是说又是生活的表现和完善。"《马克思恩格斯全集》第 3 卷，人民出版社 1960 年版，第 571 页。

⑥ "每一个有拉斐尔的才能的人都应当有不受阻碍地发展的可能（eder, in dem ein Raffael steckt, sich ungehindert ausbilden können，这里是指有可能不受阻碍地自我提升——引者）。"《马克思恩格斯全集》第 3 卷，人民出版社 1960 年版，第 458—459 页。

⑦ 加拿大马克思学者道格拉斯强调德国观念论的完善论传统。

⑧ 自我完善与英文的 self-fulfillment 含义很接近，而马斯洛是把 self-fulfillment 看作与 self-actualization 同义，强调的都是人的才能从潜能到现实的实现过程。

继承了 Anlagen 这一用法，不过马克思也经常不加区别地用 Fähigkeiten
（才能）一词，比如"个人的全面发展（实现），只有到了外部世界对
个人才能（天资）的实际发展所起的推动作用为个人本身所驾驭的时
候，才不再是理想、职责等等，这也正是共产主义者所向往的"[①]；"自
由活动"——在共产主义者看来这是"完整的主体"（用"施蒂纳"
所容易理解的说法来说）的从全部才能的自由发展中产生的创造性的
生活（生命）表现[②]。

　　马克思区分了人的能力（Vermögen）的发挥与人的才能（Anlagen
或 Fähigkeiten）的发展。中译文"发挥"和"发展"在德文原文中是
同一个词（名词 Entwicklung，动词 entwickeln）。在说人的能力的时候，
译为发挥比较准确；在说才能的时候，译为发展比较贴切。"能力的发
挥"与"才能的发展"的区别在于，前者对应于资本主义社会的雇佣
劳动以及共产主义第一阶段的按劳分配，后者对应于共产主义高级阶
段的"各尽其能，各足其需"[③]；前者侧重人的现实能力的发挥，而后
者侧重人的潜能的发展。

　　需要注意的是，一方面，"人的自由发展"强调的是人的全部才能
都能得到自由（无阻碍）的发展，从而消除因分工而导致的人的片面
发展。因此，人的全面发展（allseitigen Entwicklung der Individuen）是
人的自由发展的结果，不能把人的全面发展作为目的本身（特别是教
育的目的），不能把全面发展理解为同质的发展（比如德智体美等的全
面发展）。恰恰相反，作为自由发展结果的全面发展，恰恰是人的个性
的充分发展，因为人天生的禀赋本身就具有多样性，不是同质的。有
些人可能各方面禀赋都比较均衡，而有些人（特别是天才）可能某项

[①]　Marx-Engels Gesamtausgabe. I/5，Text，Berlin：Dietz Verlag，2017，s. 347.

[②]　《马克思恩格斯全集》第 3 卷，人民出版社 1960 年版，第 248 页。

[③]　参见鲁克俭《马克思是否关注分配正义——从"按需分配"的中译文谈起》，《马克思主义理
论学科研究》2020 年第 2 期。

禀赋突出，而其他禀赋特别平庸甚至达不到平均水平。为全面发展而全面发展（所谓"素质教育"），反而会导致教育的异化（比如人的发展的"内卷化"）。马克思并不否认共产主义有天才画家，马克思否定的是天才画家以绘画为职业（谋生手段）。另一方面，在现代社会，人的才能的自由发展首先要通过学校教育而进行，但最终是要靠生活实践（特别是劳动①实践）。只有在生活实践中，人的自由发展才能真正转化为人对身外之物的权力，才能真正达到自由状态。

2. 消灭分工与谋生劳动的扬弃

马克思的"人的自由发展"思想是基于唯物史观，这是不同于圣西门空想社会主义的最大区别。因此，人的自由发展是历史的产物，必须以消灭分工为前提。当然，在消灭分工的历史条件尚不具备的条件下，消灭分工也就成为一句空话。

马克思消灭分工的思想，受到许多人的质疑，认为这是一种乌托邦。特别是在现代社会社会化大生产条件下，分工似乎成为一种必然。这里就存在一个对消灭分工的科学理解问题。实际上，马克思所谓消灭分工，是指消灭非自愿分工。② 如果分工是自愿的，这种分工就是合理的，也是与现代社会化大生产相一致的。

那么什么是自愿的分工？自愿分工的真义是超越"谋生劳动"。马克思在笔记本Ⅰ"工资"部分第一次使用了"谋生活动（Erwerbstätigkeit）③"一词，而在紧随《1844年经济学哲学手稿》之后写作的《穆勒摘要》中，"谋生劳动（Erwerbsarbeit）"一词出现了7次。实际上，马克思《1844年经济学哲学手稿》中关于"谋生劳动"的思想已经有充分的表露，比如"他的劳动不是自愿的劳动，而是被迫的强制劳动。（Seine

---

① 这里的劳动是广义的劳动（包括一切生产性或创造性的活动），并非只是体力劳动。

② "只要分工还不是出于自愿，而是自然形成的，那么人本身的活动对人来说就成为一种异己的、同他对立的力量，这种力量压迫着人，而不是人驾驭着这种力量。"这里"分工"是意译，原文并非Arbeitsteilung，而是die Tätigkeit nicht freiwillig geteilt ist。其中，Tätigkeit是由Arbeit修改而来的。

③ 也可以译为"营生活动"，类似地，Erwerbsarbeit也可译为营生劳动。

Arbeit ist daher nicht freiwillig, sondern gezwungen, Zwangsarbeit.)"。这里"谋生劳动"首先是指雇佣劳动的劳动,但雇佣劳动并非马克思使用"谋生劳动"的全部含义。真正的"强制劳动(Zwangsarbeit)"是指奴隶劳动,雇佣劳动并非真正意义上的强制(gezwungen,或译被迫)劳动。① 雇佣劳动之所以被称为是被迫的,是因为工人如果不出卖自己的劳动(力),就无法生存。非雇佣劳动者的劳动,包括简单商品经济中个体商品生产者的劳动、自给自足的自耕农的劳动,以及前资本主义社会各种共同体中的劳动,也都是被迫的(迫于生存压力而不得不进行的劳动),因此是谋生劳动(即以谋生为目的的劳动)。正如《旧约》的隐喻所揭示的那样,亚当和夏娃被逐出伊甸园之后,就必须从事谋生劳动。② 黑格尔《精神现象学》中的"主奴辩证法",对应的就是谋生劳动的隐喻。

马克思在《德意志意识形态》中批判了施蒂纳关于劳动与享乐关系的论调,在《资本论》中也批评了傅立叶把未来的劳动看作享乐:"使劳动会成为吸引人的劳动,成为个人的自我实现,但这决不是说,劳动不过是一种娱乐,一种消遣,就像傅立叶完全以一个浪漫女郎的方式极其天真地理解的那样。真正自由的劳动,例如作曲,同时也是非常严肃,极其紧张的事情。"③ 马克思说得很清楚,"除了从事劳动的那些器官紧张之外,在整个劳动时间内还需要有作为注意力表现出来的有目的的意志,而且,劳动的内容及其方式和方法越是不能吸引劳动者,劳动者越是不能把劳动当作他自己体力和智力的活动来享受,

---

① 马克思在《大纲》中说:"斯密在下面这点上是对的:在奴隶劳动、徭役劳动、雇佣劳动这样一些劳动的历史形式下,劳动始终是令人厌恶的事情,始终表现为**外在的强制劳动**,而与此相反,不劳动却是'自由和幸福'。"《马克思恩格斯全集》第30卷,人民出版社1995年版,第615页。这里"强制"一词马克思用的是"repulsiv",与gezwungen含义相同。

② "'你必须汗流满面地劳动!'这是耶和华对亚当的诅咒。"转引自马克思《政治经济学批判大纲》。《马克思恩格斯全集》第30卷,人民出版社1995年版,第615页。

③ 《马克思恩格斯全集》第30卷,人民出版社1995年版,第616页。

就越需要这种意志"①。因此，即使是自由劳动，也不能把它等同于"娱乐（Spaß）"和"消遣（amusement）②"。正确的说法是自由劳动将成为"第一生活需要"③。

在《德意志意识形态》中，马克思把生存（自我保存）④的需要规定为第一生活需要："人们为了可能'创造历史'，必须能够生存。（die Menschen im Stande sein müssen zu leben，um„ Geschichte machen "zu können）。"这句话有一个边注，其中提到"人的身体。需要，劳动"。这个边注与后面的"第一个历史活动就是生产满足这些需要的资料，即生产物质生活本身"这句话密切相关。于是，劳动就成为生活的手段，"这种劳动不是满足一种需要，而只是满足劳动以外的那些需要的一种手段"。直到共产主义社会，自由劳动已不再是自我实现的手段，已成为自我实现本身，劳动已经成为人第一的生活需要。谋生劳动与自由劳动的区别，恰如康德的德福二分：幸福是功利性的，而道德是超越功利性的；与追求幸福相对应的自由是任性的自由，与道德相应的自由是自由意志的自由，具有理性、必然性和普遍性。

3. 人的需要的满足与完整的、丰富的人

马克思在《1844年经济学哲学手稿》中有关于"人的需要"的丰富思想。所谓人的需要，包括以下两个方面的内容。

一是"需要"是"人的"需要⑤，是符合人的本性（menschliche

①　《马克思恩格斯全集》第44卷，人民出版社2001年版，第208页。

②　马克思此处用的是英文单词amusement，它对应的德文词是Amüsement。

③　劳动成为人的"第一生活需要"是马克思晚年在《哥达纲领批判》中的表述："在劳动已经不仅仅是生活手段，而且本身成了第一生活需要之后（nachdem die Arbeit nicht nur Mittel zum Leben，sondern selbst das erste Lebensbedürfnis geworden）；在随着个人的全面发展，他们的生产力也增长起来，而集体财富的一切源泉都充分涌流之后。"

④　这一点与霍布斯是一致的。

⑤　用马克思的说法就是"人的需要成为人的需要（das Bedürfnis des Menschen zum menschlichen Bedürfnis）"。

Natur）的需要 ①，即有别于动物的需要（直接肉体的需要），尽管人也是从动物演化而来的。"社会的人的感觉不同于非社会的人的感觉"，"眼睛成为人的眼睛，正像眼睛的对象成为社会的、人的、由人并为了人创造出来的对象一样。因此，感觉在自己的实践中直接成为理论家"。"人的眼睛与野性的、非人的眼睛得到的享受不同，人的耳朵与野性的耳朵得到的享受不同。"可以说人的需要与动物的需要的区别是"文明（精致化）的需要"与"粗陋的需要"的区别，因此人的需要是人作为类存在物（即社会存在物）的重要内容。② 吃、喝、生殖等可以是动物的机能（Funktionen），也可以是人的机能。如果人的需要因为种种原因降低为动物的需要，人的机能降低为动物的机能，那么人就与动物无异，甚至连动物也不如。马克思写道："甚至对新鲜空气的需要在工人那里也不再成其为需要了。人又退回到穴居，不过这穴居现在已被文明的污浊毒气污染，而且他在穴居中也只是**朝不保夕**，仿佛它是一个每天都可能离他而去的异己力量，如果他付不起房租，他每天都可能被赶走。他必须为这停尸房**支付租金**。**明亮的**居室，这个曾被埃斯库罗斯著作中的普罗米修斯称为使野蛮人变成人的伟大天赐之一，现在对工人来说已不再存在了。光、空气等等，甚至**动物**的最简单的爱清洁，都不再是人的需要了。**肮脏**，人的这种堕落、腐化，文明的**阴沟**（就这个词的本义而言），成了工人的**生活要素**。完全**违反自然**的荒芜，日益腐败的自然界，成了他的**生活要素**。他的任何一种感觉不仅不再以人的方式存在，而且不再以**非人的**方式因而甚至不再以动物的方式存在。人类劳动的最粗陋的**方式（工具）**又重新出现了：例如，罗马奴隶的**踏车**又成了许多英国工人的生产方式和存在方式。

---

① "需要的人的本性（die *menschliche* Natur des Bedürfnisses）。"

② 在马克思那里，人作为类存在物首先进行自由自觉的活动（自由劳动），而与人的自由活动相伴随的是人的需要。换句话说，人的自由活动是与人的需要须臾不可分离的。特别是马克思所说的人的自由活动，是感性的对象性活动，而非黑格尔的精神活动。

人不仅没有了人的需要，他甚至连**动物的**需要也不再有了。爱尔兰人只知道有**吃**的需要，确切地说，只知道**吃马铃薯**，而且只是**感染上斑点病的马铃薯**，最次的一种马铃薯。"①

二是需要是"自然"的，而非"人为"的。这里"自然的需要"并非指"动物的需要"。所谓"自然"，指的是人的自然化，比如"习惯成自然"。而"人为"的需要，是指过度文明化的需要，是矫饰的从而违背自然的需要，是"宦官"的需要，因此是虚假需要，从而是需要的异化。需要的异化与劳动异化、交往异化一起，成为《1844年经济学哲学手稿》中马克思考察过的市民社会人的异化的三种基本形式。"工业的宦官顺从他人的最下流的念头，充当他和他的需要之间的牵线人，激起他的病态的欲望，默默盯着他的每一个弱点，然后要求对这种殷勤服务付酬金。"②这段话，可以说是马克思对当代消费社会具有历史穿透力的批判。

马克思在《德意志意识形态》中，不但承接《1844年经济学哲学手稿》说"他们的需要即他们的本性（ihre Bedürfnisse, also ihre Natur）"③，而且进一步将需要分层化，明确提出"已经得到满足的第一个需要④本身、满足需要的活动和已经获得的为满足需要而用的工具又引起新的需要"。实际上，在《1844年经济学哲学手稿》中，也蕴含着需要分层的思想。比如从粗陋的需要到讲究的需要。马克思还说，连野蛮人都"有和同类交往的需要"。在《德意志意识形态》中，交往的需要是导致意识和语言产生的主要推动因素："语言也和意识一样，只是由于需要，由于和他人交往的迫切需要才产生的。"⑤

马斯洛的需要层次理论广为人知。马斯洛的需要层次理论应该是

① 《马克思恩格斯全集》第3卷，人民出版社2002年版，第340—341页。
② 《马克思恩格斯全集》第3卷，人民出版社2002年版，第340页。
③ 《马克思恩格斯全集》第3卷，人民出版社1960年版，第514页。
④ erste Bedürfnis，也可译为第一需要。
⑤ 《马克思恩格斯全集》第3卷，人民出版社1960年版，第34页。

受到马克思的影响。梁赞诺夫编辑的《德意志意识形态·费尔巴哈》俄文版 1924 年在莫斯科出版，1926 年在美国纽约的连续出版物（*The Marxist*［New York］, July 1926）发表了英译本，所用标题是"德意志意识形态（唯物史观）"，译者是 Harry Waton。马斯洛曾经与德国流亡到美国的左翼有过密切接触，比如 1935—1940 年马斯洛与弗洛姆在纽约的哥伦比亚大学有过多次会谈。在《动机与人格》一书中，马斯洛提到了他的人类动机理论受到包括弗洛姆在内众多思想家的影响。这两个因素加在一起，马斯洛完全有可能对马克思的需要思想，包括《1844 年经济学哲学手稿》，特别是《德意志意识形态》中的需要理论有所了解。1935—1937 年，马斯洛在哥伦比亚大学任桑代克学习心理研究工作助理。在 1943 年发表的《人类动机的理论》（*A Theory of Human Motivation*）一书中，马斯洛首次提出了需要层次论。不过对于人到底有几个层次（七层还是五层）的需要，马斯洛不同时期的说法并不一致，具有随意性。其实，马克思关于已经满足的需要会导致新的需要的观点，比马斯洛随意性的需要分层更具有普适性。另一方面，如果说马斯洛的需要层次理论只是对人的需要所作的现象描述，那么马克思的需要理论则更深刻地揭示了不断提升的需要（欲壑难平）是人类历史发展的动力："在任何情况下，个人总是'**从自己出发的**'。"① 从种的尺度来看，动物的需要是固定的："动物只是按照它所属的那个种的尺度和需要来构造，而人懂得按照任何一个种的尺度来进行生产，并且懂得处处都把内在的尺度运用于对象；因此，人也按照美的规律来构造。"② 因此人有历史，比如饮食文化、服装文化、建筑文化、景观文化，以及经济史、社会史、政治史、宗教史等，而动物只有生物进化意义上的历史，而没有动物创造的历史。

　　最低层次的需要，不管是马克思所强调的生存（自我保存）需要，

---

① 《马克思恩格斯全集》第 3 卷，人民出版社 1960 年版，第 514 页。

② 《马克思恩格斯全集》第 3 卷，人民出版社 2002 年版，第 274 页。

还是马斯洛所说的生理需要、安全需要，都是动物需要的人性化。马克思强调，与这种需要（感性需要或欲望）相关的感官，有一个从粗陋到讲究（精致）的历史过程，这一历史过程是劳动的产物。"五官感觉的**形成**是迄今为止全部世界历史的产物。囿于粗陋的实际需要的**感觉**，也只具有**有限的**意义。"① 人在改造自然的同时，自身（首先是感官）也在改变。用《关于费尔巴哈的提纲》第三条的说法就是："环境的改变和人的活动或自我改变的一致，只能被看作是并合理地理解为革命的实践。"只不过在《1844 年经济学哲学手稿》中，是劳动使得"环境的改变和人的活动或自我改变的一致"。因此，人的生理需要不同于动物的生理需要。比如"有音乐感的耳朵、能感受形式美的眼睛"②。此外，还存在"**人的感性的丰富性**"，也就是人的需要的多样性。马克思在《1844 年经济学哲学手稿》中提到："**眼睛**对对象的感觉不同于**耳朵**，眼睛的对象**是**不同于**耳朵**的对象的"；"人不仅通过思维，而且以全部感觉在对象世界中肯定自己"；"不仅五官感觉，而且连所谓精神感觉、实践感觉（意志、爱等等），一句话，**人的**感觉、感觉的人性，都是由于**它的**对象的存在，由于**人化的**自然界，才产生出来的"③。在此基础上，马克思进一步提出"物质的和精神的富有"④，提到"具有人的本质的这种全部丰富性的人"，"**具有丰富的、全面而深刻的感觉**的人"⑤。人的自然需要都得到满足⑥，人就成为丰富的人（"富人"）、总体的人。禁欲主义要克制人的一切需要，这是违背人性的。市民社会的人是单向度（单维度）的人，原子式个人的第一需要

---

① 《马克思恩格斯全集》第 3 卷，人民出版社 2002 年版，第 305 页。
② 《马克思恩格斯全集》第 3 卷，人民出版社 2002 年版，第 305 页。
③ 《马克思恩格斯全集》第 3 卷，人民出版社 2002 年版，第 305 页。
④ 《马克思恩格斯全集》第 3 卷，人民出版社 2002 年版，第 306 页。
⑤ 《马克思恩格斯全集》第 3 卷，人民出版社 2002 年版，第 306 页。
⑥ 在共产主义高级阶段，人们"各尽所能，各取所需"。

是拜金主义，这才是真正的"穷人"①。而当代消费社会的人不但是单向度的，而且是需要异化的人（虚假需要）。

4. 其他方面

马克思倡导的"美好生活"理念，还是对近代西方政治哲学"权利范式"的超越。对此，本书第六章已有论述。另外，美国宾夕法尼亚大学布鲁德尼教授还从个体与类（社会）的同一（个体相互成全）的角度来解读马克思的"美好生活"思想。② 其实，马克思在《黑格尔法哲学批判》中就有个体与类（社会）同一的思想，"作为类活动的任何特定的社会活动都只代表类，即我固有的本质中的某种规定"，即"每个人都是另一个人的代表"，而"他之所以是代表，不是由于他所代表的其他某种东西，而是由于他**就是**他和由于他所**做**的事情"③。限于篇幅，这方面的内容就不再赘述。

（三）"美好生活"的证成逻辑

马克思在《1844 年经济学哲学手稿》中，对"美好生活"的证成有两条逻辑。笔记本 I 是应然批判的逻辑。具体来说，应然批判的逻辑有两个维度。一是通过异化劳动（现实）与自由自觉活动（应然）的反差对比，得出否定现实走向应然的结论。此时，"自由自觉的活动"就是人的"美好生活"，马克思对"美好生活"的丰富内涵尚未完全展开。二是通过对劳动产品与人相异化的经济现实，溯因推导出生产资料的不平等占有（有产者和无产者的人与人的异化），从而得出消灭私有财产的道德要求。消灭私有财产就意味着共产主义，这是马克思对

---

① 穷到只剩下钱了。

② 可参见 ［美］丹尼尔·布鲁德尼《马克思告别哲学的尝试》，陈浩译，中国人民大学出版社 2019 年版，第 185—199 页。

③《马克思恩格斯全集》第 3 卷，人民出版社 2002 年版，第 148 页。

共产主义的第二次哲学论证（第一次是在《黑格尔法哲学批判》）。

马克思笔记本Ⅰ中第二个维度的应然批判逻辑，一方面与洛克的劳动产权理论有关联，另一方面与《资本论》中的剥削理论有勾连。与私有财产起源解释的"先占"理论不同，洛克的劳动产权理论在法哲学方面很有原创性，而且具有经济学的意蕴和后果（古典经济学的劳动价值论）。但洛克的劳动产权理论有一个隐性前提，即外部自然资源（原初的劳动对象和劳动资料）不存在稀缺，从而人对外部自然资源不存在垄断，也就是不存在对劳动资料的私有权，而只存在对自己劳动产品的私有权。但是，劳动产品会转化为新的劳动资料（包括劳动工具），活劳动会转化为积累的死劳动，会转化为资本（在商品经济条件下）。在现实市民社会中，外部自然资源已经被劳动资料所取代，劳动资料的作用日益突出。正如马克思在《哥达纲领批判》中所强调的那样，"劳动不是一切财富的源泉。自然界同劳动一样也是使用价值（而物质财富就是由使用价值构成的！）的源泉"①。马克思笔记本Ⅰ通过异化劳动四个方面的考察和溯因，凸显了洛克劳动产权理论的隐性前提的缺陷。马克思在《哥达纲领批判》中甚至说，只强调"劳动是一切财富和一切文化的源泉"，这是"资产阶级的说法"②。资产者"一开始就以所有者的身分来对待自然界这个一切劳动资料和劳动对象的第一源泉，把自然界当作属于他的东西来处置"，从而"资产者有很充分的理由硬给劳动加上一种超自然的创造力"。《资本论》中的剥削（剩余价值）理论有两个维度，一个维度是实证的科学分析，这是主要方面。实证科学分析的理论结果是资本主义危机理论，包括三种危机：生产相对过剩（有效需求不足）导致的经济危机、第一和第二部类比例失调（无政府状态）所导致的危机、利润率下降所导致的

① 马克思的这一思想是一贯的。他在《资本论》第1卷中还引用了配第的名言："土地是财富之母，劳动是财富之父。"《马克思恩格斯全集》第44卷，人民出版社2001年版，第56—57页。

② 其当代代表是诺齐克。

资本主义崩溃。另一个维度是道德批判，这是次要方面。道德批判维度的剥削（剩余价值）理论，表面上看是马克思基于自我所有权^①所发出的关于分配正义的道德义愤^②，实际上是马克思对生产资料私有财产关系的批判^③，承继了笔记本Ⅰ的思路。

笔记本Ⅲ是对"美好生活"证成的第二条逻辑，即实然的历史性逻辑。在笔记本Ⅲ中，马克思对"美好生活"内容的展开与对其所作的证成是交织在一起的。马克思将黑格尔的唯心主义历史辩证法改造成唯物主义劳动—历史辩证法，对共产主义（美好生活）作了第三次哲学证成。拙作《唯物史观"历史性"观念的引入——马克思〈1844年经济学哲学手稿〉中"异化"概念新解》对此已经作了详细论证^④，这里不再赘述。

《德意志意识形态》基于唯物史观对共产主义（美好生活）作了科学的理论证成^⑤，从而马克思的哲学共产主义就转变为科学共产主义。但这里面临一个穆尔难题^⑥，即所谓"从是推不出应该"的休谟悖论。"美好生活"显然是应然的价值理想，而唯物史观是实然的科学理论。从唯物史观只能得出生产资料公有制（社会所有制）和计划经济的实然结论，而无法跳跃（这是知性思维的僭越）得出人的解放以及人的自由（发展）这一应然的价值结论。^⑦康德的解决办法是知性与理性的

---

① 这是科亨对马克思剥削理论的批评。

② 在国际共产主义运动中，对工人的宣传和鼓动也经常是以《资本论》中的剥削理论为依据。

③ 另一位分析马克思主义代表人物罗默提出的"一般剥削理论"（强调财产关系的初始不平等），更接近马克思剥削理论道德批判的真义。

④ 参见鲁克俭《唯物史观"历史性"观念的引入——马克思〈1844年经济学哲学手稿〉中"异化"概念新解》，《哲学动态》2015年第6期。

⑤ 马克思对共产主义进行哲学证成的理论尝试共有五次，除了以上提到的三次，还有《神圣家族》基于唯物主义环境决定论所作的第四次证成，以及《关于费尔巴哈的提纲》基于革命实践所作的第五次证成。

⑥ 参见鲁克俭《唯物史观"历史性"观念的引入——马克思〈1844年经济学哲学手稿〉中"异化"概念新解》，《哲学动态》2015年第6期。

⑦ 其道理正如康德的二律背反。

二分和划界，将人的自由看作理性的范导性假设。黑格尔的解决办法
是引入历史目的论。马克思拒绝了康德和黑格尔的解决思路，引入了
基于唯物史观的独特思路。这是穆尔在批评马克思的哲学共产主义与
唯物史观存在内在矛盾时所忽略了的。

　　马克思在《德意志意识形态》中不但首次提出了交往形式与生产
力的矛盾运动规律，而且首次提出了自由与生产力的关系问题，把自
由看作由生产力发展水平决定的："人们每次都不是在他们关于人的理
想所决定和所容许的范围之内，而是在现有的生产力所决定和所容许
的范围之内取得自由的。但是，作为过去取得的一切自由的基础的是
有限的生产力。"① 自由之所以受生产力发展的制约，首先是因为生产
力的发展是消灭分工的必要前提："只有交往和生产力已经发展到这样
普遍的程度，以致私有制和分工变成了它们的桎梏的时候，分工才会
消灭。"② 其次是因为作为消极自由的"各种限制的真正消灭……是生
产力的非常积极的发展"③。最后是因为"私有制只有在个人得到全面
发展的条件下才能消灭，因为现存的交往形式和生产力是全面的，所
以只有全面发展的个人才可能占有它们，即才可能使它们变成自己的
自由的生活活动"④。总之，自由与权利、国家一样，都是历史发展的
产物。不存在抽象的、超历史的、超阶级的自由。共产主义社会中自
由的真正实现，恰恰意味着自由的消亡（正如权利和国家的消亡一
样）。这时自由就消融于美好生活之中。自由并非共产主义者的奋斗目
标，而只是其结果。把自由、平等推崇为社会的第一价值，这是近代
西方政治哲学所开创的传统，其理论基础是唯心史观。

　　康德区分了人的任性自由与自由意志。任性自由是人执着于追求

---

① 《马克思恩格斯全集》第 3 卷，人民出版社 1960 年版，第 507 页。

② 《马克思恩格斯全集》第 3 卷，人民出版社 1960 年版，第 516 页。

③ 《马克思恩格斯全集》第 3 卷，人民出版社 1960 年版，第 345 页。

④ 《马克思恩格斯全集》第 3 卷，人民出版社 1960 年版，第 516 页。

幸福的自由。从任性自由到自由意志的跃迁①代表了个人的自我启蒙，它与个人的自我修养（修炼）有关。不管这种修炼是自省的顿悟还是事功的结果，都与历史发展（特别是生产力的发展）没有关系，而纯粹是个人的造化。黑格尔强调实现的自由、现实的自由才是真正的自由，从而把自由看作历史的产物。因此黑格尔把私有财产看作自由的最初定在，而把国家看作国家的自由的最高定在，是尘世的自由王国、自由的真正实现。卢梭强调从社会人到道德人的演变，康德强调福德二分，黑格尔强调从市民到公民的提升，可谓异曲同工，但发生机理却迥异。马克思继承了黑格尔的历史辩证法。但是黑格尔的历史发展动力是否定之否定的历史目的论，马克思在笔记本Ⅲ曾经借用了这一逻辑，但很快就在《神圣家族》中将其放弃了。马克思最终在《德意志意识形态》中找到了历史本身的内在发展逻辑，也就是基于需要的人的生活本身。欲壑难平的需要②推动生产力的发展③，并最终使人走向自由。于是，从"是"到"应该"不是靠休谟强调的知性证成，而是通过历史性的证成逻辑，"是"与"应该"最终在历史发展过程中得到"和解"。

---

① 恰如儒家心性之学关于从小人到君子的跃迁。

② 欲壑难平的需要也有一个历史的过程（或者倒 U 形曲线）。随着生产力的发展，低欲望社会已初见曙光。因此，共产主义社会与生态主义并不矛盾。

③ 这并不意味着马克思的唯物史观存在科享所谓"发展命题"。马克思清楚地认识到，近代西欧社会率先完成政治解放，而当时有的社会还处于停滞（所谓亚细亚生产方式）甚至原始状态（印第安人社会）。

参考文献

《马克思恩格斯全集》第 2 卷，人民出版社 1957 年版。

《马克思恩格斯全集》第 3 卷，人民出版社 1960 年版。

《马克思恩格斯全集》第 29 卷，人民出版社 1972 年版。

《马克思恩格斯全集》第 32 卷，人民出版社 1974 年版。

《马克思恩格斯全集》第 39 卷，人民出版社 1974 年版。

《马克思恩格斯全集》第 40 卷，人民出版社 1982 年版。

《马克思恩格斯全集》第 1 卷，人民出版社 1995 年版。

《马克思恩格斯全集》第 3 卷，人民出版社 2002 年版。

《马克思恩格斯全集》第 30 卷，人民出版社 1995 年版。

《马克思恩格斯全集》第 31 卷，人民出版社 1998 年版。

《马克思恩格斯全集》第 44 卷，人民出版社 2001 年版。

《马克思恩格斯全集》第 47 卷，人民出版社 2004 年版。

《马克思恩格斯文集》第 1 卷，人民出版社 2009 年版。

《马克思恩格斯文集》第 3 卷，人民出版社 2009 年版。

《马克思恩格斯文集》第 4 卷，人民出版社 2009 年版。

［阿拉伯］伊本·西那（阿维森纳）：《论灵魂——〈治疗论〉第六卷》，王太庆译，商务印书馆 2009 年版。

［波］兹维·罗森：《布鲁诺·鲍威尔和卡尔·马克思：鲍威尔对马克思思想的影响》，王谨等译，中国人民大学出版社 1984 年版。

［德］阿尔弗莱德·索恩 - 雷特尔：《脑力劳动与体力劳动：西方历史

的认识论》，谢永康、侯振武译，南京大学出版社 2015 年版。

［德］费尔巴哈：《对莱布尼茨哲学的叙述、分析和批判》，涂纪亮译，商务印书馆 1985 年版。

［德］费希特：《费希特著作选集》卷一，梁志学主编，商务印书馆 1990 年版。

［德］黑格尔：《黑格尔著作集　第 7 卷　法哲学原理》，邓安庆译，人民出版社 2017 年版。

［德］黑格尔：《精神现象学》上卷，贺麟、王玖兴译，商务印书馆 1979 年版。

［德］黑格尔：《精神现象学》下卷，贺麟、王玖兴译，商务印书馆 1979 年版。

［德］黑格尔：《小逻辑》，贺麟译，商务印书社 2011 年版。

［德］黑格尔：《哲学史讲演录》第三卷，贺麟、王太庆译，商务印书馆 2013 年版。

［德］路德维希·费尔巴哈：《费尔巴哈哲学著作选集》上、下卷，荣震华、李金山等译，商务印书馆 1984 年版。

［法］奥古斯特·科尔纽：《马克思恩格斯传　1814—1844》第 1 卷，刘丕坤等译，生活·读书·新知三联书店 1963 年版。

［法］路易·阿尔都塞：《保卫马克思》，顾良译，商务印书馆 2010 年版。

［古罗马］卢克莱修：《物性论》，方书春译，商务印书馆 1981 年版。

［古罗马］西塞罗：《论老年　论友谊　论责任》，徐奕春译，商务印书馆 2009 年版。

［美］丹尼尔·布鲁德尼：《马克思告别哲学的尝试》，陈浩译，中国人民大学出版社 2019 年版。

［美］杰弗里·C. 艾萨克：《政治的狮皮：马克思论共和主义》，彭斌、于天洋译，《国外理论动态》2017 年第 1 期。

［美］沃伦·布雷克曼：《废黜自我：马克思、青年黑格尔派及激进社
会理论的起源》，李佃来译，北京师范大学出版社 2013 年版。

［苏］艾·瓦·伊林柯夫：《马克思〈资本论〉中抽象和具体的辩证
法》，孙开焕等译，山东人民出版社 1993 年版。

［意］加尔维诺·德拉－沃尔佩：《卢梭和马克思》，赵培杰译，重庆出
版社 1993 年版。

［英］大卫·利奥波德：《青年马克思：德国哲学、当代政治与人类繁
荣》，刘同舫、万小磊译，中山大学出版社 2017 年版。

［英］E. P. 汤普森：《英国工人阶级的形成》下册，钱乘旦等译，译林
出版社 2013 年版。

［英］克里斯托弗·阿瑟：《黑格尔的主奴辩证法与马克思学的神话》，
藏峰宇译，《马克思主义与现实》2009 年第 2 期。

［英］肖恩·塞耶斯：《作为自由主义批判者的马克思》，张娜译，《哲
学动态》2015 年第 3 期。

［英］休谟：《人类理解研究》，关文运译，商务印书馆 1981 年版。

郭忠华：《解放政治的反思与未来：安东尼·吉登斯现代性思想研究》，
中央编译出版社 2006 年版。

鲁克俭：《国外马克思学研究的热点问题》，中央编译出版社 2006
年版。

万健琳：《共和主义的公民身份理论：一种观念史的考察》，中国社会
科学出版社 2011 年版。

鲁克俭：《〈关于费尔巴哈的提纲〉与历史目的论》，《河北学刊》2009
年第 6 期。

鲁克俭：《马克思〈博士论文〉与恩格斯〈谢林和启示〉之比较》，
《北京行政学院学报》2010 年第 5 期。

鲁克俭：《"好生活"与中国梦》，《光明日报》2013 年 5 月 7 日理
论版。

鲁克俭：《马克思早期文本中的几个文献问题》，《杭州师范大学学报》（社会科学版）2013 年第 6 期。

鲁克俭：《试论马克思对黑格尔逻辑学的创造性转化——以马克思〈博士论文〉为例》，《哲学动态》2013 年第 6 期。

鲁克俭：《唯物史观"历史性"观念的引入——马克思〈1844 年经济学哲学手稿〉中"异化"概念新解》，《哲学动态》2015 年第 6 期。

鲁克俭：《试论马克思〈莱茵报〉时期的共和主义思想》，《现代哲学》2019 年第 1 期。

鲁克俭：《抽象辩证法：唯物主义实在论的根据》，《马克思主义理论学科研究》2019 年第 1 期。

鲁克俭：《马克思是否关注分配正义——从"按需分配"的中译文谈起》，《马克思主义理论学科研究》2020 年第 2 期。

鲁克俭：《马克思〈黑格尔法哲学批判〉中哲学共产主义的确立》，《马克思主义理论学科研究》2021 年第 4 期。

鲁克俭：《马克思的"美好生活"理念及其证成》，《兰州大学学报》（社会科学版）2021 年第 3 期。

鲁克俭：《伊壁鸠鲁与近代启蒙传统》，《教学与研究》2021 年第 8 期。

鲁克俭：《马克思在〈神圣家族〉和〈关于费尔巴哈的提纲〉中的哲学共产主义及其证成》，《中国社会科学院大学学报》2022 年第 4 期。

鲁克俭：《马克思〈莱茵报〉时期的哲学观——作为批判哲学和国家哲学的政治哲学》，《天津社会科学》2022 年第 6 期。

王金福：《"哲学是时代精神的精华"不是马克思主义的命题》，《唯实》2008 年第 Z1 期。

易建平：《从词源角度看"文明"与"国家"》，《历史研究》2010 年第 6 期。

赵家祥:《全面准确地理解马克思早年的"跨越"思想》,《北京行政学院学报》2021 年第 1 期。

G. A. Cohen, "Review Work (s): Karl Marx. by Allen Wood", *Journal of Mind*, New Series, Vol. 92, No. 367, July 1983, p. 443.

Jeffrey C. Isaac, The Lion's Skin of Politics: Marx on Republicanism, *Journal of Polity*, Vol. 22, No. 3 (Spring, 1990), pp. 461 – 488 (28 pages).

MEGA^{②} *I – 1*, Berlin: Dietz Verlag, 1975.

MEGA^{②} *I – 2*, Berlin: Dietz Verlag, 1982.

MEGA^{②} *I – 3*, Berlin: Dietz Verlag, 1985.

MEGA^{②} *I – 5*, Berlin – Boston: Walter de Gruyer GmbH, 2017.

MEGA^{②} *IV – 1*, Berlin: Dietz Verlag, 1976.

MEGA^{②} *IV – 2*, Berlin: Dietz Verlag, 1981.

MEGA^{②} *IV – 3*, Berlin: Akademie Verlag, 1998.

MEGA^{②} *IV – 4*, Berlin: Dietz Verlag, 1988.

MEGA^{②} *IV – 5*, Berlin-Boston: Walter de Gruyer GmbH, 2015.

Allen E. Buchanan, *Marx and Justice: The Radical Critique of Liberalism.* Lanham: Rowman & Littlefield Publishers, 1982.

Philip J. Kain, *Marx and Ethics.* Oxford & New York: Clarendon Press, 1988.

Neven Leddy and Avi S. Lifschitz (ed.), *Epicurus in the Enlightenment*, Oxford: Voltaire Foundation, 2009.

Thomas Franklin Mayo, *Epicurus in England (1650 – 1725)*, Dallas, Texas: The Southwest Press, 1934.

Douglas Moggach, *The Philosophy and Politics of Bruno Bauer*, Cambridge: Cambridge University Press, 2003.

Kai Nielsen, *Marxism and the Moral Point of View: Morality, Ideology, and*

Historical Materialism. Boulder, Colo. : Westview Press, 1989.

Rodney G. Peffer, *Marxism, Morality and Social Justice.* New Jersey: Princeton University Press, 1990.

Richard Tuck, *Philosophy and government, 1572 – 1651*, Cambridge: Cambridge University Press, 1993.

Richard Tuck, *The Rights of war and peace: political thought and the international order from Grotius to Kant*, Oxford: Oxford University Press, 1999.

后　记

2017 年，我申报的北京市社会科学基金重大项目"基于 MEGA2 的马克思早期思想发展内在逻辑研究"获准立项。该项目是我为配套 2015 年国家社会科学基金重大项目"基于 MEGA2 的马克思早期文本研究"而专门申请的，是我对马克思早期文本进行解读的一个理论框架，对开展 2015 年重大项目研究具有指导意义，也是 2015 年重大项目的阶段性成果。我的研究结论是：马克思早期思想发展以政治哲学的演变为逻辑主线、唯物史观是马克思政治哲学发展的副产品。以此解读框架来对马克思早期思想发展（包括马克思主义哲学发展史）进行总体性研究，是本研究的最大创新之处。

课题结项成果由两部分组成。第一部分由我承担，考察马克思早期政治哲学思想的演变与发展；第二部分由北京师范大学马克思主义学院周阳副教授承担，考察作为马克思政治哲学副产品的唯物史观的形成与发展。本书是在我课题结项成果第一部分基础上整理而成的专著，周阳副教授承担的部分独立成书。

近三十年来，中国学界关于马克思政治哲学研究大体经历了四个阶段：第一个阶段是关于马克思国家理论的研究；第二个阶段是关于马克思市民社会理论的研究；第三个阶段是关于马克思正义理论的研究；第四个阶段是关于马克思所有制（财产权）理论的研究。本书的特点是以马克思共产主义为主线来考察马克思早期政治哲学的发展，与已有研究成果具有互补性。

从天寒地冻的北京到温暖如春的南国，一日之间，冰火两重天。

鲁克俭

2023 年 4 月 14 日记于新风寓所

2023 年 12 月 6 日再记于海口